GW00649982

COLLECTION POÉSIE

JACQUES DUPIN

Le corps clairvoyant

1963-1982

Gravir. L'embrasure. Dehors.
Une apparence de soupirail

Préface de Jean-Christophe Bailly

GALLIMARD

Le Corps clairvoyant *regroupe en un seul volume les quatre premiers livres de poésie de Jacques Dupin :* Gravir *(1963),* L'embrasure *(1969),* Dehors *(1975) et* Une apparence de soupirail *(1982). Tandis que les trois premiers peuvent être considérés comme des recueils, non de pièces isolées, mais de suites de textes formant des sortes de cahiers ou de liasses à l'intérieur de chaque livre, le dernier, formé de très courtes proses se succédant en chapelet, est d'un seul élan ou d'un seul mode. Si, ainsi réunies, ces vingt années d'écriture, malgré différences et écarts, forment bloc, tout suggère de les lire pourtant de façon progressive, dans le sens même du temps qui les porta, c'est-à-dire en allant du début à la fin, en suivant pas à pas les sursauts, les disjonctions, les leitmotive qui les tressent, les nouent et qui ouvrent, à propos du poème, un unique et solitaire chantier, continué au-delà par d'autres livres, mais qui est demeuré identique en son fond.*

Vu de plus près et palpé par la lecture, le bloc bien sûr se désagrège, mais pour se reformer à nouveau, comme un limon charriant extraits et débris, car nous sommes ici d'emblée, malgré le tour peut-être un peu plus classique de Gravir, *dans une logique de l'éclat.* *Chaque texte vient, survient comme le copeau d'un* *unique et forcené travail de rabotage de la langue. Et si* *apparemment les copeaux rassemblés font masse et si* *quelque chose, dans leur réunion, vient les serrer, ils* *demeurent pourtant des individus, comme les tuiles d'un* *toit que sépareraient des jours, ce qui veut dire aussi* *qu'ils ne s'abritent de rien. Cette dialectique tendue* *de la différence et de la répétition permet de lire toute* *l'œuvre comme une reprise infinie, palimpseste ou somme* *inachevée de repentirs. À chaque fois, pour chaque geste,* *il y a remise entière de la donne et de l'enjeu : c'est le* *poème lui-même, son appel, son vide, qui est la circons-* *tance du poème.*

«*Chaque pas visible est un monde perdu*», *dit* Le chemin frugal, *soit le poème qui ouvre* Gravir *et par* *conséquent ici, à nouveau, le livre. Sans doute, par la* *présence, autour, d'un paysage, s'agit-il d'abord de* *l'expérience dont le pas est le signe, mais le pas fait* *signe au-delà de la marche et de la promenade errante,* *le pas en lui-même, parce qu'il est à la fois accord et* *écart, est sans site, et dans le flux du temps, c'est le* *poème qui est le pas, la cassure, le rythme, le batte-* *ment : le pas visible qui est monde, monde perdu, pas* *perdu. En se faisant, en passant au mode d'exister de la* *trace, le poème se perd, mais sans s'en aller : il demeure,* *monde perdu, et nous laisse seuls avec lui, avec la façon* *dont il a perdu le monde en le touchant. Toucher le* *monde, le toucher le temps d'un éclair, dans un batte-* *ment, atteindre à une flexibilité du langage telle qu'en* *vérité le monde apparaisse sous le nom (c'est-à-dire* *effacer, éconduire du nommer l'arbitraire de l'intention),* *tel est le programme de la poésie de Jacques Dupin,* et c'est le plus exposé, le plus violent, le plus fragile. Quelque chose de calme et de souverain est rêvé, quelque chose de lisse est entrevu, désiré, mais le cheminement de l'écriture est tout autre, il est terrestre, il bute, renâcle, se défait. Sans fin le rabot heurte des nœuds et des veines dures et la montagne que l'on gravit reste muette, non pas avec le poème ou en lui, comme on l'aurait voulu, mais contre lui. La montagne (soit ici, plus qu'un terme récurrent, une entrée sonore du monde) met le poème hors de lui. Et c'est ce versement vers un dehors incomblable qui recueille malgré tout tous les mots du poème.

« Gravir » — puisque cet infinitif vient au commencement, je crois qu'il faut s'en approcher, pour éviter aussi tout malentendu. S'il y a bien dans toute l'œuvre — non comme thème ou présence, mais en tant que terrain, territoire — un chemin de montagne, qui revient, qui repart, et s'il y a en elle, mais sans référence explicite à Cézanne, une sorte de « Sainte-Victoire » du poème, cet infinitif, « gravir », à la fois descriptif et programmatique, ne confirme aucune lecture qui y verrait une tension vers un sommet, celui-ci étant donné comme un accomplissement. C'est d'ailleurs précisé en toutes lettres dans l'un des textes de Lichens : gravir, c'est gravir encore et toujours, et c'est aussi dévaler, descendre, rouler au bas des pentes. La cime est « gisement », terre retournée venue du fond et montée dans la lumière, elle n'est ni point d'arrêt ni point de vue (« Il m'est interdit de m'arrêter pour voir. Comme si j'étais condamné à voir en marchant », L'embrasure, p. 157). La « randonnée » qui travaille tout le versement de l'œuvre sur les versants de la montagne n'habite ni le climat de la simple promenade ni celui de l'exploit symbolique, elle est tout entière travail. «*Dans la forêt nous sommes plus près du bûcheron que du promeneur solitaire*», est-il dit dans L'embrasure. *Et même si l'on peut, si l'on doit lire aussi les poèmes de Jacques Dupin comme des relevés (ou comme les pages d'un journal de bord déchiqueté), c'est-à-dire comme les fruits d'une attention extrême portée au monde des choses muettes dont la montagne est le nom générique, cette attention est comme suscitée par une instance ou une astreinte qui dissolvent par avance le motif et l'impression. Un taon a piqué le poème, et le corps («*car je travaille sur un corps*»,* Dehors, *p. 294)* est le nom de cette instance nerveuse qui se porte hors de soi. L'exposition au poème, à la venue que serait le poème, est tout sauf la mise en place d'un dispositif d'attente patiente et savante, elle s'enroule, se déporte, s'accroche, se blesse, elle ne court pas toute lisse et évocatoire au-dessus du réel : du réel elle a la fringale mais, ne pouvant, ne sachant s'en repaître, elle le blesse, l'érafle, en brandit des lambeaux.*

*Ainsi, plus que celui d'une quelconque ascension, «*gravir*» me paraît être le verbe qui désigne ce travail, et aussi parce qu'il emporte avec lui, dans sa consonance, toute une série de vocables qui lui font écho : gravir, ce serait aussi rendre grave, aggraver, graver, sonder la terre gravide — ce serait, enfin et surtout, un mot, un verbe moins léger qu'écrire, mais qui dirait, dans la langue du corps, dans une langue incorporée, ce vers quoi écrire cherche à se tendre.*

Une conception si compacte et si dense de l'écriture induit plusieurs effets immédiats. Quant au genre, quant au mode, quant au temps.

Quant au genre, elle suppose et soutient qu'il n'y aura que des états de forme divers mais dérivant tous d'une même souche absente : le poème. Non que la poésie doive être considérée comme un genre, parmi d'autres possibles. Elle occupe une position dans le langage, elle est le lieu où écrire se dit gravir, le lieu où ne peut s'écrire que ce qui répond à une demande ou à une injonction intégrale, intransitive, non formulée et, d'ailleurs, non formulable : simplement, on lui répond, il faut lui répondre. Cette position est tenable parce qu'elle est mobile, ce lieu est vivant parce qu'il est vaste : peuvent y figurer la prose et même la prose réflexive, le vers libre, le retour prosodique, le vers pulvérisé, le quasi-aphorisme. Mais si divers que puissent être les résultats, tous relèvent d'une unique expérience, nue et désemparée. C'est comme s'il n'y avait jamais rien avant le poème, comme si l'acte était sans mémoire, comme si toute instrumentalisation de la langue devait être niée par l'action même qui développe le langage au long des feuillets, des copeaux. Dans Une apparence de soupirail, *Jacques Dupin le dira autrement, en trois préceptes ou trois impératifs qui jaillissent en trois points du livre, mais que je réunis ici pour en faire un programme, ce programme d'un toucher dont j'ai parlé plus haut :* «Écrire comme si je n'étais pas né» / «Mériter que chaque mot s'efface à l'instant de son émission» / «Écrire sans casser le silence».

«Écrire comme si je n'étais pas né» — il s'agit là évidemment du plus pur des «comme si», mais c'est aussi l'indication de la voie au bout de laquelle il n'y aurait plus de simulacre. Cette formulation, il faut, je crois, la rapprocher de la célèbre phrase de Jean-Jacques Rousseau qui est placée en exergue d'*Une apparence de soupirail : «Je puis bien dire que je ne commençai de vivre que quand je me regardai comme un homme mort.» Du* côté de la mort comme de celui de la non-naissance se déploie, pour l'écriture, une idée du natif qui la dissocie de la filiation biographique et qui la déporte hors de la résidence du sujet, et ici la « vie » de Jacques Dupin se dissocie du commencement de Rousseau. Par ce recadrage hors du temps consenti, l'écriture accède à une « vitesse de monde qui dure sans nous », comme l'écrit Nicolas Pesquès dans ses Balises pour Jacques Dupin[1], et le terrain qui alors l'accueille est aussi celui, aride, du « bien suprême » des tragiques grecs, lequel eût été selon eux, pour l'homme, de ne pas naître, de ne pas être. Placer l'écriture (le poème) dans l'entrelacement du non-né et de ce qui survit à l'existence humaine, c'est tirer le scribe vers la plus grande évasion possible (« lui, le scribe accroupi (...), il s'évade par des liens d'herbe coupante d'impatience tressés », Dehors, p. 258), et c'est relier le plan d'inscription de la parole à un plan qui n'est pas le seul horizon humain. C'est à ce titre que, sans « états d'âme », il y a paysage et que vient jouer à plein, dans les ligaments et les nervures du poème, la tragédie du paysage : non telle ou telle coloration, mais le fait brut, mais l'existence continue, sonore et silencieuse de la « contrée », de la « montagne ».

Pourtant c'est un homme — un corps affecté, pensant — qui y passe, qui est jeté dedans et qui voit, qui voit en marchant mais n'imagine rien (« L'âme ne peut rien imaginer, et il ne lui souvient des choses passées que pendant la durée du corps » — cette citation de Spinoza sera, elle, plus tard, l'exergue d'Échancré[2]), et cet homme

1. Nicolas Pesquès, *Balises pour Jacques Dupin*, éd. Fourbis, Paris, 1994.
2. *Échancré*, éd. P.O.L., Paris, 1991.

12

qui passe ou qui va, qui s'est donné le pas du poème
pour piège ou pour preuve, ce n'est pas «le poète», en
tout cas pas sa figure altière et repue (telle qu'elle
revient si souvent contaminer la poésie en la courbant
dans l'enflure et la pose), c'est un sujet, oui, sans doute,
mais un sujet parti, lacéré, troué, infortuné qui chemine
en marchant comme marche l'homme de Giacometti,
c'est-à-dire sans socle, incapable de déléguer son ombre
ou d'effacer son poids et qui, parlant (écrivant, scribe),
rétamant avec des mots le bol étroit d'existence où il
tient, avance, gravit : il est dans le lit du torrent et c'est
là qu'il voudrait «mériter que chaque mot s'efface à
l'instant de son émission», autrement dit atteindre à ce
que le poème s'en aille (comme on dit d'une fusée qu'elle
est partie) ou à ce que l'écriture, qui «ne nous rend rien»
(L'embrasure, p. 151) soit du moins elle-même remise à
ce qui nous l'a confiée, remise à la contrée qui l'imprime
(comme on dit imprimer un mouvement). De telle sorte
que l'effacement du mot soit maintien de «cette contrée
de nuit où le chemin se perd» (L'embrasure, p. 134),
maintien de la possibilité d'une «parole nue» qui, tout
en s'effectuant, ne casserait pas le silence.

Ce qu'il faut remarquer, et c'est là l'effet de cette
conception de l'écriture quant au temps, c'est que tout
y est absolument actif, c'est que toute cette activité,
parfois décrite en termes de machinerie, de rouages,
n'habite aucun autre temps que le présent, que c'est le
présent et lui seul — l'infinitif étant une sorte de sur-
présent — qui constitue son aire de jeu : sans passé,
sans futur, le temps d'exposition du poème, le temps
des pas visibles et des mondes perdus que l'écriture
révèle, traverse et abandonne, est celui d'un pur agir, ou
d'une pure intensité — c'est le temps de l'immanence du

temps à lui-même dont le poème, via les pores du réel, est l'écoute.

En lisant ces poèmes, ces remarques, ces implosions, on éprouve d'être dans la contrée d'un perpétuel suspens, nous sommes comme au bord de la venue, dans la secousse sans détente d'un advenir qui se retient. C'est comme un paysage, mais vide, où il y aurait bien saint Sébastien mais où les flèches ne seraient pas encore tirées, mais où les archers ne seraient pas encore visibles : quelque chose de surtendu où, dans l'essence même du panique, chaque objet serait doué d'énergie.

« Mais l'énergie que je peux capter, produire, écrit Jacques Dupin, jaillit au contraire de la fragmentation, de la teneur de rapports fragmentaires — d'un déplacement presque immobile d'éclats. » Or il écrit cela dans Un récit, ce texte qui au sein de Dehors semble envisager, envier peut-être une autre voie, ou s'en souvenir. Il y a dans Un récit (qui est un texte capital, difficile, qui se déploie comme un ciel de mots, comme une masse de nuages en mouvement où les formes apparues s'en vont, se scindent, s'effilochent) des trouées d'enfance qui sont comme des abîmes, il y a des évocations lointaines, en partie seulement ramenées — un métier à tisser, un livre, un voyageur — et de telle sorte que le récit y est comme une forme passant sous le poème, que le poème convoite peut-être, mais qu'il perd en route, mais qu'il perd en se faisant, qu'il doit perdre pour exister. La fragmentation, Jacques Dupin ne la choisit pas, elle est sa contrainte, elle est son mode. Les textes encore relativement linéaires de certaines pages de Gravir se désagrègent, comme tels ils ne reviendront plus. « Entre la diane du poème et son tarissement » (L'embrasure, p. 145), quelque chose est venu, qui appartient au tarissement, sans doute, et qui comporte un désarroi, mais qui n'est pas un deuil, pas plus qu'il n'y a dans Un récit de deuil du récit. Gravir, cela voulait dire descendre de la forme pour atteindre à un mode de la formation et accoler l'écriture à son propre devenir. Le fragmentaire ici n'est pas un état de forme relativement stable et lancé comme une petite torpille (comme le fut jusqu'à un certain point le « fragment » des romantiques allemands), il est la conséquence inévitable et pas même désirée d'une dislocation, il résulte du mouvement dynamique qui a fendu le poème et qui n'en restitue que des éclats. Mais ces éclats, quel que soit le manque dont ils sont le signe, quel que soit le vide qu'ils entaillent, ne sont pas les restes d'un poème disparu ni les estafettes d'un poème à venir, ils sont ce qui vient, sans encore, sans déjà, ils sont ce qui pose le poème dans le lit de son impossibilité, qui est ce qui le rend possible, au jour le jour et fragilement.

(À quel point cette dislocation échappe à la mise en page — relativement peu de poèmes dispersent les vocables sur la page qui, moins qu'une étendue, demeure le support d'un chemin —, à quel point elle apparaît comme une contraction du phrasé lui-même, à quel point elle devient rythme, souffle et est d'elle-même diction, j'ai pu pour ainsi dire le vérifier sur pièces : L'embrasure me manquait pour travailler à cette préface et Jacques Dupin m'a passé un exemplaire dont il se trouve qu'il lui avait servi pour préparer une lecture publique de ses poèmes. Les textes travaillés en ce sens — et ce sont surtout ceux de La nuit grandissante et quelques-uns de Moraines — y sont littéralement hachés de coups de crayon, chacun d'entre eux présentant sa partition sonore comme une course d'obstacles, comme un jeu de pistes égaré indiquant en lui-même des départs, des sursauts, des césures que la partition typo-graphique dépose mais ne révèle pas forcément : seul le poème sur Malevitch, à la fin de Dehors, est écrit comme cela, écrit-respiré comme cela. Sous l'apparence de la ligne dort toujours une brisure, le fil de l'énonciation est une ligne brisée, haletante…).

«Expérience sans mesure, inexpiable, la poésie ne comble pas mais au contraire approfondit toujours davantage le manque et le tourment qui la suscitent.» Jacques Dupin écrit cela dans Moraines, cette liasse de proses qui accompagne les poèmes de L'embrasure en en cherchant la définition, produisant à l'intérieur du recueil une sorte de pas de côté, mais qui réintègre le poème dans le droit de son attente. Des «moraines», il y en a en fait dans toute l'œuvre (par exemple, les Fragmes d'Échancré en sont la suite visible, évidente), c'est comme une série de paliers, l'escalier est sans per-ron mais ses marches sont plus ou moins longues. En tout cas le motif central de ce retour critique qui n'est jamais pause mais relance est toujours le manque, qui peut se dire aussi tourment, détresse et même, mais sans pathos, douleur.

Ce que dit Jacques Dupin, et ce qu'il dit, je crois, dans tous ses textes, c'est au fond que le manque est l'état natif du poème, c'est que la poésie est le genre même du manque, le genre même du tourment, mais que cette détresse qui la conduit est aussi ce qui la tient dans le langage comme une demande incessante de vérité. Il n'est pas là question, comme dans les vieux débats sur les qualités réciproques des arts ou des genres, d'une suprématie, il s'agit simplement d'une différence, qui comporte un retrait envers l'institution même de la lit-

16

térature et envers ses bonnes manières, ses usages et ses rites. La poésie n'est pas «marginale» ou négligée, elle est absente : «Absente, la poésie l'a toujours été. L'absence est son lieu, son séjour, son lot», dira Jacques Dupin dans Éclisse, soit le texte par lequel il répondit à une enquête de la revue Le débat en 1989. Être le genre qui tient à la vérité du langage, qui tient qu'il y a dans les mots, par-delà toute virtuosité, la hantise d'un accès qu'ils refusent mais qui n'est pas imaginable sans eux, cela serait insupportable si cela devait aboutir à des formulations princières ou à des gestes d'orateur, fût-ce dans le genre de la fausse modestie, comme on le voit si souvent. Dès lors que l'expérience même du langage est en jeu, ce qui vient, ce qui doit venir — et chacun s'y prend littéralement comme il peut, sans aucune science, sans aucun savoir-faire — ce sont des «relevés d'apprenti», des traces, des biffures, des tentatives, mais toujours à reprendre, mais toujours sujettes à caution pour celui-là même qui s'y emploie. Il ne s'agit pas de coquetterie, c'est un tourment, c'est le mouvement même de l'inachevable, dont la poésie est la forme passionnée.

Et ce qui survient dans la question (non seulement celle du Wozu Dichter de Hölderlin, mais celle d'un doute attaquant chaque mot), ce qui survient dans la remise de peine à chaque fois rêvée, c'est un doute affectant la parole elle-même, qui n'est jamais donnée. Dans Échancré Jacques Dupin dit ceci : «Les anges n'écrivent pas. Les arbres, les bêtes n'écrivent pas.» Mais, par contre, «les dieux, même morts, écrivent» et «ils détiennent le souffle, le frein, la scansion, le rythme». Entre ceux qui se taisent et ceux qui détiennent, l'homme écrit lui aussi, mais sans détenir. Et tel est le prix de la vérité que la poésie cherche à atteindre, qu'elle soit errante entre le silence qu'elle ne doit pas casser et le souffle qu'elle ne peut avoir que coupé. Non qu'il s'agisse de rejoindre l'efficace des dieux ou celui des arbres ou des bêtes — pas plus qu'elle ne prie la poésie n'imite : elle longe, elle tressaille, elle dérobe.

Pour entendre et approcher l'efficace divin, pour ne pas perdre tout à fait le contact avec ce qui dépassait leur mesure, les Grecs, hormis la mort qui est à tous, avaient l'oracle et c'était leur idée, celle d'un langage obscur, voilé, ressemblant à l'obscurité, à l'étrangeté de ce qu'ils avaient sous les yeux. Nous n'avons plus l'oracle (nous n'avons plus de dieux) ou, plutôt, l'oracle est disséminé, répandu : dans la poussière des dieux morts qui est la matière dont le monde est fait. Et la poésie, dont le régime de vérité reste malgré tout celui de l'oracle, sait cela : qu'elle doit descendre dans cette poussière, qu'elle est ce qui s'ouvre à l'épaisseur oraculaire du monde muet, qu'elle est, qu'elle voudrait être le film parlant ou le « corps clairvoyant » de ce monde silencieux.

C'est pourquoi, pour elle, il y a monde, c'est pourquoi, de façon hagarde, en cherchant les signes de sa propre venue, elle parcourt avec les noms un territoire à la fois étroit et immense. Si le puits lexical dont chaque écrivain dispose est limité, il est pourtant en chacun comme une effusion, et de telle sorte que malgré le manque ou avec lui, en lui, dans son creux le plus creusé vient une sorte de preuve, d'épreuve, ou de touche. Le « paysage » n'est pas ce qui se sort du manque, il en est le lieu, l'espace. Et dès lors, dans la « montagne », c'est comme si chardons, cailloux, feu, sang, orage, oiseaux, lumières, étoiles, lichens, châtaigniers — tout ce qui fait la contrée du recommencement de Jacques Dupin — devenait augure. Non dans la transparence de l'accès, mais au sein d'une « parole déchiquetée » qui procède par sursauts et par

effacements, non dans une jouissance mystique ou buco-
lique (rien de plus antivirgilien que la nature qui agit et
rôde dans ces textes), mais dans une sorte d'appropria-
tion désordonnée, brusque, animale. Non dans la consis-
tance d'un savoir, mais dans un clignotement où toute la
connaissance de l'objet est emboutie.

Dire que ce paysage est méditerranéen, aride, catalan
couleur d'ocre avec des traces de feu et de sang séché,
mais que quelque chose d'humide, de cévenol — je n'en
sais rien — le troue, on le pourrait sans doute, mais je
ne crois pas que ce soit bien utile, dès lors que l'anec-
dote a été refusée, et d'ailleurs avec une violence inouïe
— le poème sur Malevitch, le poème sur «l'attentat de
l'impossible espace», signant pour ainsi dire, et dans
toute sa rigueur, ce refus. Ce qui compte, c'est que le
paysage n'est jamais là à titre d'évocation, d'image ou
de signal, c'est qu'il vient sous la langue comme un fais-
ceau de noms cherchés puis perdus, comme la sténogra-
phie d'une impossible évasion. Même lorsque apparaît
une image (le crissement d'une sandale dans l'allée,
l'ombre d'une roue de charrette, une encoche dans
le buis), elle est intégrée à un dispositif dramatique
qu'elle innerve. Entre le monde et le corps, il y a tout un
infini de rapports barattés, centrifuges, que le poème
cherche à saisir, défaisant pour cela sa propre toile et
substituant au lyrisme quelque chose de plus sombre et
de plus envoûté. De telle sorte que si vient, par exemple,
«un saccage d'absolu et de brindilles», c'est intégrale-
ment qu'il faut le lire, avec l'absolu et les brindilles, avec
l'équation — pas l'image — qui les relie et les bouscule.
Chaque particule de réel est comme investie d'un pou-
voir d'émotion qui la consume et, inversement, chaque
«abstraction» (ici, l'absolu) est comme rabattue sur un

point de réalité qui l'excite. Et loin que cette complémentarité devienne complétude, elle suscite au contraire une angoisse permanente que le poème, qui cherche à la conjurer, éprouve et subit. C'est comme s'il y avait, et ce serait une autre façon de parler du manque, un état naturel de l'excès : trop de temps dans le temps, trop de sens dans l'étendue, et trop de désir dans l'homme.

Par conséquent il faut s'imaginer une scène, toujours la même : un homme qui écrit, peut-être à la clarté d'une lampe « ce livre / à la lampe je le dédie » (L'embrasure, p. 121). Comme tout écrivain sans doute, un jour ou l'autre. Mais à une différence près, c'est que celui-là a détruit tout le cinéma, tout le roman, c'est qu'il n'a rien à dire d'autre que ce qui l'écartèle dans cette situation. La nuit l'appelle, son regard erre sur les choses, mais il s'y tient, il veut capter non l'instant mais son énergie, sa puissance de retrait. Il y a la montagne (la contrée dans la nuit, tout le territoire de l'émotion du vivant, du mortel), il y a le corps-pensée avide et meurtri, si violemment plié, et il y a la proposition que cela, cette rencontre entre le corps et la contrée, devienne pensée, s'écrive, sans balivernes, sans fioritures, sans appuis. Ce n'est pas là seulement le « vertige » de la page blanche, c'est comme s'il s'agissait de se poser sur l'insondable et d'en extraire un peu de peau en la tatouant. Une sorte de pêche nocturne, au lamparo, sous la contrée, et c'est dit, et c'est la seule fois, il me semble, où le présent est remplacé par le futur d'une promesse, à la fin de Moraines : « Tu les désires, ces poissons vivants dans la mer. Tels, je te les donnerai, — ou rien. »

Jean-Christophe Bailly

GRAVIR

Suite basaltique

GRAND VENT

Nous n'appartenons qu'au sentier de montagne
Qui serpente au soleil entre la sauge et le lichen
Et s'élance à la nuit, chemin de crête,
À la rencontre des constellations.
Nous avons rapproché des sommets
La limite des terres arables.
Les graines éclatent dans nos poings.
Les flammes rentrent dans nos os.
Que le fumier monte à dos d'hommes jusqu'à nous !
Que la vigne et le seigle répliquent
À la vieillesse du volcan !
Les fruits de l'orgueil, les fruits du basalte
Mûriront sous les coups
Qui nous rendent visibles.
La chair endurera ce que l'œil a souffert,
Ce que les loups n'ont pas rêvé
Avant de descendre à la mer.

LA PAROLE

Ton vœu qui répugne à l'aisance d'une trame
   appauvrie,
Balance entre deux morts.

Les marges se resserrent autour de ton lingot aride
Et déjà, le dernier refuge, le feuillage, flambe,

Ô ma parole en perte pure,
Ma parole semblable à la rétraction d'une aile extrême
   sur la mer !

L'ÉGYPTIENNE

Où tu sombres, la profondeur n'est plus.
Il a suffi que j'emporte ton souffle dans un roseau
Pour qu'une graine au désert éclatât sous mon talon.

Tout est venu d'un coup dont il ne reste rien.
Rien que la marque sur ma porte
Des mains brûlées de l'embaumeur.

LE RÈGNE MINÉRAL

Dans ce pays la foudre fait germer la pierre.

Sur les pitons qui commandent les gorges
Des tours ruinées se dressent
Comme autant de torches mentales actives
Qui raniment les nuits de grand vent
L'instinct de mort dans le sang du carrier.

Toutes les veines du granit
Vont se dénouer dans ses yeux.

Le feu jamais ne guérira de nous,
Le feu qui parle notre langue.

L'ÉPERVIER

Ton regard est trop grand pour une seule cible errante.
L'effraction, la prouesse ont lassé les couleurs.
Entre ton maître et toi, dans le cachot,
Le vers de la folie ouvrira-t-il
Ce soupirail funèbre minuscule ?
Unira-t-il le nuage et les fers
Sous l'écriture tremblée de la rose d'octobre ?

Car sinon le cuir cramoisi du leurre,
Que reste-t-il au jour et à la nuit
Pour éclairer leur ressemblance

Et la déchirer en lambeaux ?

LA TRÊVE

Le temps rectifiera la trace de nos luttes,
Donnant une raison, un toit, à mes poussées de fièvre.

Je l'ai débusqué, combattu pied à pied,
Étranglé dans chaque nœud,
Enfanté à chaque rupture.

Aujourd'hui nous faisons route ensemble
Comme le fleuve et le rideau de peupliers.

Les chiens qui dorment dans ma voix
Sont toujours des chiens enragés.

LE PARTAGE

Une larme de toi fait monter la colonne du chant.
Une larme la ruine… et toute lumière est inhabitée.

La corde que je tresse, la rose que j'expie,
N'ont pas à redouter de lumière plus droite.

Le peu d'obscurité que je dilapide en montant
C'est de l'air qui me manque à l'approche des cimes.

Par le versant abrupt, la plus libre des routes,
Malgré le timon de la foudre et mes vomissements.

L'AIR

Le corps et la rêverie de la dame
Pour qui tournoyaient les marteaux,
Se perdent ensemble et reviennent,
Ne rapportant de la nuée
Que les guenilles de la foudre
Avec la future rosée.

L'OUBLI DE SOI

Paupières asservies au bleu incohérent du large,
Ailes paralysées au cœur du tourbillon de l'air,
Vous ne vous lèverez désormais que pour un regard
Qui poignardera mes amours millénaires,
Et ce sera comme au premier jour de ma vie.
Les oiseaux de l'hiver jouiront seuls de l'embellie,
Et je passerai pour dormir sous l'affaissement
De la voile inutile… Mais sera-t-il un astre
Pour sombrer à ma place, et pacifier la mer ?

LE CHEMIN FRUGAL

C'est le calme, le chemin frugal,
Le malheur qui n'a plus de nom.
C'est ma soif échancrée :
La sorcellerie, l'ingénuité.

Chassez-moi, suivez-moi,
Mais innombrable et ressemblant,
Tel que je serai.
Déjà les étoiles,
Déjà les cailloux, le torrent...

Chaque pas visible
Est un monde perdu,
Un arbre brûlé.
Chaque pas aveugle
Reconstruit la ville,
À travers nos larmes,
Dans l'air déchiré.

Si l'absence des dieux, leur fumée,
Ce fragment de quartz la contient toute,
Tu dois t'évader,
Mais dans le nombre et la ressemblance,
Blanche écriture tendue
Au-dessus d'un abîme approximatif.

Si la balle d'un mot te touche
Au moment voulu,
Toi, tu prends corps,
Surcroît des orages,
À la place où j'ai disparu.

Et l'indicible instrumental
Monte comme un feu fragile
D'un double corps anéanti
Par la nuit légère
Ou cet autre amour.

C'est le calme, le chemin frugal,
Le malheur qui n'a plus de nom.
C'est ma soif échancrée :
La sorcellerie, l'ingénuité.

Les brisants

PARMI LES PIERRES ÉCLATÉES

Vipère, compagne de famine, je mesure les progrès de la lèpre à la fréquence de ton dard. Sans toi, archer de l'hymne perfectible, le fruit serait resté nuage, et notre désespoir une passion stérile. Tu es la seule réplique au frisson de la terre quand la racine du soleil creuse sa route dans le roc. Une dernière étoile embarrassée dans le feuillage te regarde souffrir. J'ai voulu te confier mon bien le plus secret, le plus frivole, et ce n'était qu'une hirondelle volant bas pour que les labours soient profonds.

L'ORDRE DU JOUR

D'élire domicile au cœur de l'entracte, acquiescement et refus obligent qui les creuse. Par l'incorporation du hasard à la chair, j'incarne enfin la transe originelle, j'accueille la foudre du premier rapt. Je suis le moment d'oubli qui fonde la mémoire. Au cortège des apparences et des merveilles d'offusquer l'inanité de ma conquête, l'anonymat de mon angoisse. Car, du fond de ce malheur, je suis la foule, l'énorme vigueur aveugle et la plus courte flamme. Je suis ce point de morne et suffocante réflexion, la projection instantanée d'une errance future et d'un mensonge mort. Chaque brûlure est un passage, une défaite approfondie. Au haut crucial où s'abolit la danse, l'expiation commence et l'acte nul. Mais de l'opération qu'ils impliquent et renoncent, j'augure ironiquement d'un orgasme définitif.

De ce mal qui s'étire dans la longue saignée des siècles, je suis l'exacte et pure abstraction,

— le nœud d'asphyxie formelle.

Ignorez-moi passionnément !

LA REMONTRANCE

L'apparence de la vie, mon masque ayant glissé, me manque. Devenue, à force de délicatesse, la stricte épure de ma race finie, je viens de là où va le vent, je casse ta caresse… Ton bras ne tremble plus, mes incartades sont imperceptibles.

Dans cet exode où tant de regards ont douté, où tant de poings ne heurtent que l'enclos de jardins fuyants, je suis à tes côtés. Je te donne la force d'entrer dans ta ville et l'orgueil de n'y point régner. C'est dans ma lumière que tu marches, c'est mon aile qui accroît le vent. Ma transparence est celle des monstres bénéfiques, mon parfum celui de la rose d'après le déluge.

Une femme en amour devant une fenêtre vide. Des yeux bleu ardent, bleu lanière. Un corps arqué sur le désespoir de son nom. Dehors le grand tumulte harassé des étoiles contre le ciel semble ne plus s'ouvrir, ne plus suspendre l'issue de leur perfection qu'à cette véhémence brouillée de larmes puériles, qu'à ce gémissement, qu'à ce silence.

L'ACONIT

Un seul mot portera la réplique et le coup de grâce. Sa vision qui s'élabore dans la profondeur de ma main doit vaincre les sarcasmes du printemps, la félicité des oiseaux de passage, l'air léger… Un mot dont la clémence à midi se dénudera, brûlera…

Et ce ne serait plus le nombre de la folie, mais la seule invocation, dans les désordres de l'amour, qui éveillât au cœur de la bien-aimée, — cette pierre de lune, ce flacon de vent, — le très petit trident qui féconde la parole. Un souverain trait de rupture entre le mal et son retour pour que s'impriment et s'effacent, sur les sables nubiles, un enchevêtrement de signes, — et le signe suivant.

L'ARTIFICE MAJEUR

Elle qui me connaît trop, sœur cassante, comète scrupuleuse allant d'un ciel mental engorgé à un cœur où l'angoisse a fait le vide, je renonce à la tuer. Cette chose nue, introuvable et paralysante, sa mort ne m'a rien coûté. De son bannissement, de son agonie perpétuée, je tire un bonheur faillible, des lèvres durcies au feu, et la chance d'un plus haut voyage.

LE RÉEL

Il gouvernait la croissance ascétique des lances parmi lesquelles je naissais. Ses yeux en marche, immenses, portaient allégrement leur charge de limon vers des bourgs à secourir, des points d'eau à reconnaître. Je me flattais de lire dans ses traces, dans ses rides, dans ses lacunes. Mais l'arrogance et l'ampleur de ses excréments me reléguèrent au bout de son exploit. Là, le simulacre d'un grand feu inclina ses reflets sur mon ongle. Cette absence de sens et de vues, je m'engouffrai dans son manteau de roi.

Le fruit déçu toise la main coupée. Il fait grand jour à présent, parmi nous, jusqu'au cœur.

LE PRÉSENT D'UNE NUIT

Ce roc assailli d'étoiles, aux crevasses duquel la lèpre, avant l'éloge, avait progressé sans mesure, allait-il se soumettre à la paresseuse cadence de la source des morts ? Le bal était défait, les danseurs transparents. Le sang coula, l'herbe devint profonde. À l'aube, en grand secret, les lèvres des amants heurtèrent une rosée illimitée.

VISITATION

Serpent, sur la glu de ta langue, la graine du pavot voyage en sûreté. L'oiseau-ferronnier se tasse dans la fourche d'un chêne. Sa grille anéantie, la lisibilité du ciel s'interrompt.

Femme, cette nuit, le fondement des ailes est devenu visible. La lumière de la tragédie empèse encore la brume des sommets.

Avant de s'allonger dans la tranchée des fouilles, elle plonge sa lampe dans les flancs de l'urne de grès où dort une ancienne eau. Qui léchera le bombement de leur grossesse ? Qui franchira le bruit rouillé du torrent ?

L'ITINÉRAIRE

De la torpeur qui te sangle, du purin que tu fends, chimère du rocher, le sifflement, le maléfice me poursuivent. Un accroc dans la trame, une lacune de la partition me rendent aux ombres mal tuées dont les yeux tournent dans l'écume.

La géante. La gangrène des marteaux s'écarte de son flanc. Elle est l'âme du bronze englouti, le glas marin.

La bouffonne. Tumultueuse aux confins. Volubile dans le feuillage. Insondable sur le bûcher.

La servante. Flaireuse de tisons sous les décombres du laboratoire. Mangeuse de gravats. Une fleur l'épouvante, un baiser la disloque.

L'ingénue. Se chérit par procuration. Roucoule au commandement. Voyage encore, sans s'appauvrir, dans le volume de mon pied.

Un rayon dans l'eau m'offrait le ciel changé en serpent. Le cœur en eut raison. Le cœur, depuis le soir que tu m'es apparue. Depuis le soir que la chimère à jeun s'ouvrit les veines dans la grâce.

LE PAYSAGE

De halos sans astres tombent des clartés grises. Une multitude parquée s'enlise dans la futilité des sables. Ces déhanchements, ce murmure actionnent le rouet des sorciers et des rats. C'est le printemps : les bourgeons donnent des cordes et les grabats de l'eau. L'herbe de la folie ne nous abrite plus.

Mais au cœur de la grande nuit aux pavots, sous tant d'écorces purulentes, qui cesse de gémir ? Écroulée dans l'odeur et les plis de la mort, le genou écarté par le souvenir des orages, elle gratte une dernière fois son blason de crasse et de crin. Plus trace de fer dans la plaie, plus d'herbe sur le rail. Seule la tentation du ciel nu...

Par quelle aberration de perspective suis-je encore attentif à la persévérance d'un chardon sur le talus d'en face ?

LE PALIMPSESTE

Les crapauds sont des états d'âme, ils n'existent pas. Seuls des étangs, des mélopées… L'enfant instruit de l'amertume des bourgeons, l'enfant privé du lait obscur, casse comme le verre. Une neige irréprochable récolte les sanglots, les éclats d'une telle assomption lunaire. Et la machinerie hilare du printemps s'affole, s'expatrie…

Accoutré des lambeaux d'un crime perpétré par des mains étrangères sur un corps engourdi, tu progresses, tu déranges les clartés et les signes, tu trembles dans l'éloge, tu meurs de sécheresse aux abords de la pyramide. Dedans, ta pesanteur, ton exégèse embaument. Le bonheur gronde, il fait nuit.

Il faut grandir avec douceur et démesure. Rajeunir les gouffres, parquer les rois, s'enorgueillir. Les fenêtres sauvages et les amours prostrées donnent sur un parfum.

SOURCE MURÉE

Ils mutilent leurs traits pour que reculent les miroirs, et c'est un masque qui pousse le cri. La terre ne souffre plus. Une courte fumée s'engouffre dans le masque. Dehors, avec d'obscures précautions, s'ouvre l'eau corrompue, l'eau pacifiée, l'eau minuscule...

La fatalité que j'illustre n'est pas exempte de rupture, de félonies, de tremblements : mes imprécations, mes ratures. Mais déjà la racine du temple a percé le pied du marcheur pourrissant. Déjà l'étincelle a changé de prison.

FIDÉLITÉ

Nos armes et nos liens ont jailli de la même souche, à présent calcinée, éparpillée dans le ciel froid.

D'autres fleurs ont failli me perdre, d'autres talons d'argent me piétiner. J'ai repoussé cette aube anticipée du jour qui ne doit qu'à la nuit son accompagnement de flûtes et de nuées, son trouble, sa félicité…

Tellement j'ai tremblé que tu ne trembles plus, ma flamme à la proue, très bas, éclairant les filets.

Les astres sont anciens mais la nuit est nouvelle. Ô sa tyrannie d'enfant d'autrefois, son joug de rosée !

LIMBES

Son soleil avili tremble au carreau des bouges. Il affectionne le rictus et l'accroupissement de quelques travailleurs arriérés, plantés sur la perfection de leur cri. L'élégance est au vol entravé des oiseaux de nuit. Ainsi le songe lacéré du hibou se couche en cryptogrammes dans les feuilles du plomb. Le songe, ou l'attente infinie d'un orage éclatant au cœur de l'ammonite. Et voici l'arbre enchaîné à l'improbable rire des fossiles. L'usure des poussières efface sur l'écorce la griffe d'un oiseau de proie, d'un oiseau ancien. Pourtant les fruits dont les lèvres se privent ne sont pas moins obscurs ni mieux gardés qu'au premier jour.

FORÊT SECONDE

S'il restait un fleuve à franchir, si la solitude du passeur n'était pas tout à fait la folie, si le brusque étranglement de ma voix ne trahissait que le vertige de ma force à son midi, tu ne m'échapperais plus, sanglier, en te multipliant, beauté, en éclatant de rire, et la forêt qui suffoque à te détenir sans partage, accueillerait le vent, s'ouvrirait à la rude et radieuse alchimie de la seconde nuit. Car la fiente des rossignols ne jalonne encore qu'un layon où l'enfer peut surgir, mais c'est le bon chemin. Et c'est le seul indice qui fortifie l'attente de nos lèvres. Scintillante invective et dôme de fraîcheur, le feu qui vient à vous n'est plus désespéré.

L'épervier

L'URNE

Sans fin regarder poindre une seconde nuit
À travers cet inerte bûcher lucide
Que ne tempère aucune production de cendres.

Mais la bouche à la fin, la bouche pleine de terre
Et de fureur,
Se souvient que c'est elle qui brûle
Et guide les berceaux sur le fleuve.

LE CŒUR PAR DÉFAUT

Une fleur de givre entre deux rafales
Ne l'arrête pas.

Ô cendre éprise sous la langue,
Brèche dans l'horizon !

Entre ce roc bondé d'étoiles et son sosie le gouffre,
L'édifice du souffle est une seconde prison.

À la place du cœur
Tu ne heurteras, mon amour, que le luisant d'un soc
Et la nuit grandissante…

LA SOIF

J'appelle l'éboulement
(Dans sa clarté tu es nue)
Et la dislocation du livre
Parmi l'arrachement des pierres.

Je dors pour que le sang qui manque à ton supplice,
Lutte avec les arômes, les genêts, le torrent
De ma montagne ennemie.

Je marche interminablement.

Je marche pour altérer quelque chose de pur,
Cet oiseau aveugle à mon poing
Ou ce trop clair visage entrevu
À distance d'un jet de pierres.

J'écris pour enfouir mon or,
Pour fermer tes yeux.

LE PRISONNIER

Terre mal étreinte, terre aride,
Je partage avec toi l'eau glacée de la jarre,
L'air de la grille et le grabat.
Seul le chant insurgé
S'alourdit encore de tes gerbes,
Le chant qui est à soi-même sa faux.

Par une brèche dans le mur,
La rosée d'une seule branche
Nous rendra tout l'espace vivant,

Étoiles,
Si vous tirez à l'autre bout.

L'ANGLE DU MUR

Ma méditation ton manteau se consument

Pour te perdre mieux
Ou te mordre blanche.

La tour délivrée de son lierre croule.

La terreur conduit sous terre ma semence,
L'éclaire et la refroidit.
J'attends la déflagration.

Et je tutoie les morts, les nouveaux venus.
Celle que j'aime est dans leur camp,
Fourche, flamme et minerai.

Le sang qui brille sur la page de garde
Ne sera jamais le sien.

L'IMMUNITÉ

En attendant que le feu se déclare
Dans les combles et au-dessus du toit,

Pour effacer le feuillage fébrile
Qui s'épanche hors des murs et croule dans la mer,

Pour maintenir le sentier blanc
Sous une grêle silencieuse,

Pour détacher l'inintelligible fragment,
Que ne trahit que sa couleur imprécatoire,

Pour atteindre le bois de votre porte hostile,
Pour entamer le froid de votre cœur muré,

La mèche lente et l'huile pauvre de ma voix,
Veilleuse au jardin le plus bas,
Évocatrice balbutiante de la tour.

L'INITIALE

Poussière fine et sèche dans le vent,
Je t'appelle, je t'appartiens.
Poussière, trait pour trait,
Que ton visage soit le mien,
Inscrutable dans le vent.

À l'aplomb

LICHENS

1

Même si la montagne se consume, même si les survivants s'entre-tuent... Dors, berger. N'importe où. Je te trouverai. Mon sommeil est l'égal du tien. Sur le versant clair paissent nos troupeaux. Sur le versant abrupt paissent nos troupeaux.

2

Dehors, les charniers occupent le lit des fleuves perdus sous la terre. La roche qui se délite est la sœur du ciel qui se fend. L'événement devance les présages, et l'oiseau attaque l'oiseau. Dedans, sous terre, mes mains broient des couleurs à peine commencées.

3

Ce que je vois et que je tais m'épouvante. Ce dont je parle, et que j'ignore, me délivre. Ne me délivre pas. Toutes mes nuits suffiront-elles à décomposer cet éclair ? Ô visage aperçu, inexorable et martelé par l'air aveugle et blanc !

4

Les gerbes refusent mes liens. Dans cette infinie dissonance unanime, chaque épi, chaque goutte de sang parle sa langue et va son chemin. La torche, qui éclaire et ferme le gouffre, est elle-même un gouffre.

5

Ivre, ayant renversé ta charrue, tu as pris le soc pour un astre, et la terre t'a donné raison.

L'herbe est si haute à présent que je ne sais plus si je marche, que je ne sais plus si je suis vivant.

La lampe éteinte est-elle plus légère ?

6

Les champs de pierre s'étendent à perte de vue, comme ce bonheur insupportable qui nous lie, et qui ne nous ressemble pas. Je t'appartiens. Tu me comprends. La chaleur nous aveugle…

La nuit qui nous attend et qui nous comble, il faut encore décevoir son attente pour qu'elle soit la nuit.

7

Quand marcher devient impossible, c'est le pied qui éclate, non le chemin. On vous a trompés. La lumière est simple. Et les collines proches. Si par mégarde cette nuit je heurte votre porte, n'ouvrez pas. N'ouvrez pas encore. Votre absence de visage est ma seule obscurité.

8

Te gravir et, t'ayant gravie — quand la lumière ne prend plus appui sur les mots, et croule et dévale, — te gravir encore. Autre cime, autre gisement.

Depuis que ma peur est adulte, la montagne a besoin de moi. De mes abîmes, de mes liens, de mon pas.

9

Vigiles sur le promontoire. Ne pas descendre. Ne plus se taire. Ni possession, ni passion. Allées et venues à la vue de tous, dans l'espace étroit, et qui suffit. Vigiles sur le promontoire où je n'ai pas accès. Mais d'où, depuis toujours, mes regards plongent. Et tirent. Bonheur. Indestructible bonheur.

LA DILUVIENNE

Nul épi dans la lumière, nul escarpement dans l'étendue. Mais son corps, immense et léger comme un fleuve débordant ses rives. Et parmi la rumeur, le calme acéré de sa voix, sa tyrannie intermittente, son ressassement ingénu. Tout ce qui nous chasse hors du monde, cela est son cœur. Maîtresse branche pour le seul poème, hors de lui poutre absente engagée dans l'air, et qui nous porte tous... Tandis que le jour est encore sans un souffle, tandis que je soutiens son regard innombrable, au mépris du temps qu'il fera.

LA PATIENCE

L'ornière allait s'effaçant et le chemin montait : tout ce dont je me souviens de l'enfance. Je vivais sans être né. Le sang clair qui s'égoutte à présent sur le tambour n'était pas encore à l'ouvrage. Mais le chemin montait. Des brumes de chaleur comblèrent l'abîme adolescent. J'appris que le simulacre du crime est deux fois meurtrier. Au tremblement de la rose et du fer, à l'étincelle de la forge, tandis que ma fureur et mon dénuement luttaient et s'anéantissaient devant la force de l'unique amour, je naissais… Le rocher, où finit la route et où commence le voyage, devint ce dieu abrupt et fendu auquel se mesure le souffle. C'est le même torrent qui commande, mais il est écouté cette fois par un peuple d'abeilles noires.

LA DÉESSE PAR EXCELLENCE

Ce n'est pas le vent de la mer ni mes imprécations qui gonflent ses cheveux, qui font jaillir hors de ses voiles un corps d'une beauté inavouable et qui se donne à tous, tous les jours, et ne se reprend pas.

Si tu l'affrontes, elle s'enlise. Si tu rampes à ses pieds, sa corolle se fend. Le venin gicle. La contrebande de dentelles s'achève en somnolences entre les lignes.

Les grands nuages, ses vassaux, s'appuient sur mon épaule qui éclate. Je n'ai plus la voix sèche des adolescents qui guettent les détonations.

LA LUMIÈRE N'EST PAS CONÇUE

Rien que pour toi, racine, pour toi, cyclone fourvoyé dans cette strate du langage, le poète a favorisé l'épaississement limoneux du sommeil où tu te ramifies. Le livre dont il est l'otage et le garant, le livre incompulsé, le livre intermittent, tourne sans hâte sur ses gonds dans la terre, et chaque page à ton attouchement prend feu, et sa substance se confond avec le surcroît de ta sève, avec le progrès de son sang.

Perfectibilité du vide, racine de l'amour. Cette équation, je l'ai vaincue avec un océan de terre ameublie par mon souffle.

LE PASSEUR

Quand le lierre de minuit eut envahi la pierre du cadran, une épaule a jailli, un regard a brillé, suivis d'un corps encore inséparable des collines, de l'herbe et de la nuit. Du moutonnement de la solitude, qu'une vague trop haute éclaire en se brisant l'humain visage de l'amour, étoiles, je sais ce qui vous surpasse en éclat : votre reflet sur des chaînes brisées, votre infini dans d'autres yeux comme une larme irremplaçable. Car la fiction d'un sceptre à dessécher le poing n'oriente plus mon désir, ni cette rose obnubilée par le souvenir des fléaux. L'écume des genêts recouvre un gisant. Un scarabée s'approprie son murmure et le porte aux collines où marche le printemps. Hâtez-vous de vieillir, étoiles, pour qu'on ne voie de mon village que les toits en flammes !

À l'instant le plus ruineux de la bataille, de l'épidémie, de la fête, elle s'arrête, — pour se souvenir. Ajuster ses bas. Questionner le ciel. En elle l'autre rive est une barre de clarté.

Non, les eaux basses du fleuve ne charrient que sa voix. Pas même sa voix, une plainte de bête pour flatter le vieux nuage qui m'emporte, le vieux désespoir qui me roule, mort et enragé.

Notre idylle ? L'étonnement, et la fraîcheur, et l'au-delà d'une forêt d'oiseaux dont il ne reste qu'un tison. Pas même un tison, sa brûlure. Aux lieux qu'elle a quittés la lumière s'engouffre. Pas même la lumière. Mais déjà nous ne sommes plus seuls, il ne fait pas tout à fait nuit dans la forêt, quand je me jette à sa rencontre, parmi les arbres morts, avec un cœur noueux et lisse comme le manche des cognées.

LA HERSE

L'océan rendait ses noyés, les débris de ses barques...
J'interrogeais pour deux le délabrement emphatique du
ciel au bout du promontoire. Les algues sur ton corps et
le scintillement du sel te disaient complice du tumulte et
sœur du silence qui s'édifiait au fond de lui. Mon amour,
le vent n'était pas plus rapide au milieu de la mer qu'à
la surface de ton ongle. Mais le vent s'est couché, les
oiseaux ne sont plus. Et leurs ailes jonchent la mer.
Leurs ailes, leurs griefs : nos impatiences déroutées... Je
ne sais rien de nous, excepté peut-être ce rivage qui
s'éloigne dans le matin, excepté cette barque qui n'a pas
sombré.

LA SUPERSTITION

Parce que j'ai refusé de façonner son cœur dans l'argile d'un ciel inconnu, cette femme que j'ai vue mourir, n'a cessé de fuir, et de me héler, et de grandir, à travers toute chair féminine frappée de transparence. Plus nombreuses étaient les complices, égarées par un songe ou appelées par le tambour, plus droite était sa flamme dans leurs yeux, plus acérée, plus blanche était la famine.

Dans les chaumes, un matin glacé, j'ai marché d'un pas si fantastiquement accordé au mouvement de sa musique monotone, que j'ai cru l'extirper de mon sang comme une touffe de chardons. Mais l'eau du torrent vient de s'assombrir. L'arôme des fleurs de l'arrière-pays se détache encore de sa lèvre. Et sa voix court parmi ma voix comme une aiguillée de temps pur.

Table bourdonnante, enclume du désert, recevez, dispersez cette brouettée de frissons dont j'ai tiré tout le venin, dont je n'ai plus rien à apprendre.

L'ALLIANCE

Cette boue séchera ! À la fêlure de la jarre, au tres-saillement de ma douleur dans sa gangue, je sais que revient le vent...

Le vent qui disperse et le vent qui rassemble, l'inin-telligible, le vivant ! Nous ne dormirons plus. Nous ne cesserons plus de voir. De pourvoir le feu.

Obscur horizon ! Seule brûle la tranche d'un livre, — quand je me détourne.

CE TISON LA DISTANCE

Et le paysage s'ordonne autour d'un mot lancé à la légère et qui reviendra chargé d'ombre.

Au rebours des laves, notre encre s'aère, s'irise, prend conscience, devient translucide et brûlante, à mesure qu'elle gravit la pente du volcan.

Celui qui simule est agile, est inerte. Le cœur n'a qu'une pointe et tournée vers la terre. S'il ressasse son cri, il se change en cactus.

Dans la connaissance du fleuve la pile de pont l'emporte sur la barque.

L'irruption de la nudité, visible par grand vent, ne supporte que le vide et sa ponctuation meurtrière.

Dévore tes enfants avant qu'ils ne creusent ta fosse, c'est-à-dire sans perdre une nuit.

Des grands oiseaux blessés dans le soir insipide, l'inscription, la douleur s'effacent. Le ciel s'agrandit comme une rumeur, et se laisse franchir.

Hors de la tempête, je dors mal. Ce n'est pas moi, c'est la terre qui dramatise. Un couple se détruit, la lumière est en marche.

Il n'y a qu'une femme qui me suive, et elle ne me suit pas. Pendant que ses habits brûlent, immense est la rosée.

Saccades

Rentre tout de même ta récolte incendiée.
Et va-t'en, les mains ouvertes, le sang dur.

Il reste une enclave inconnue dans ce corps séparé,
Une route dans ma route,

Et la rauque jubilation de l'espace affamé.

La lumière affectionne les torrents taris,
Les lèvres éclatées…

Va-t'en, la maison est en ordre,
L'épieu du vent la traverse.

Dans la vieille ferme éventrée
Où vint s'abattre leur lanterne,

Lui s'attable et coupe le pain,
Elle, commence à souffrir…

Des parcelles de vérité
Criblent ma voix sans l'ensemencer,

À l'écart pourtant de la mort volubile,
De l'atroce feuillage aimanté.

Langue de pain noir et d'eau pure,
Lorsqu'une bêche te retourne
Le ciel entre en activité.

Nos bras amoureux noircissent,
Nos bras ouvriers se nouent.

Juste la force
De basculer dans le ravin
Notre cadavre successif

Et ma bibliothèque de cailloux.

Ta nuque, plus bas que la pierre,
Ton corps plus nu
Que cette table de granit...

Sans le tonnerre d'un seul de tes cils,
Serais-tu devenue la même
Lisse et insaisissable ennemie
Dans la poussière de la route
Et la mémoire du glacier ?

Amours anfractueuses, revenez,
Déchirez le corps clairvoyant.

Longtemps l'angoisse et ses travaux de vannerie,

Soudain cette ombre qui danse au sommet du feu
Comme une flamme plus obscure.

Longtemps les affres et le ploiement
D'un verger soupçonné au défaut de nos fers,

Soudain le furieux sanglot, le dernier rempart,

Et la maison ouverte, inaccessible,
Que le feu construit et maintient.

Frivole agonie tournoyante,
Une femme effrayée de rajeunir
Tombe inanimée pour qu'il neige.

Où es-tu, foudre errante de la forêt
Dont on m'annonce la venue,
— Dont on m'épargne la rencontre ?

Les invités s'éloignent sous les arbres.
Je suis seul. Une étoile. Une seconde étoile,
Plus proche encore et plus obscure,

Et leur complicité dans l'atonie
Pour clouer le cœur.

Reste le seul battement
D'une minuscule agonie désirable
Dans les hauts jardins refermés.

La scansion de l'affreux murmure te dégrade :
Écourte ta journée, enterre tes outils.

J'adhère à cette plaque de foyer brûlante,
Insensible…
Je rends ton enfant à la vague.
Je tourne le dos à la mer.

Reconquise sur le tumulte et le silence
Également hostiles,

La parole mal équarrie mais assaillante
Brusquement se soulève
Et troue l'air assombri par un vol compact
De chimères.

Le tirant d'obscurité du poème
Redresse la route effacée.

L'immobilité devenue
Un voyage pur et tranchant,

Tu attends ta décollation
Par la hache de ténèbres
De ce ciel monotone et fou.

Ah, qu'il jaillisse et retombe,
Ton sang cyclopéen,
Sur les labours harassés,
Et nos lèvres mortes !

Piéger le seul sourire,
Éteindre le visage et sa suffocation
Sous un crépi de terre calcinée.

Quand même elle sombrerait toute
Il me resterait la brèche :
Son absence de visage et sa seule nudité.

Il me resterait la lame…

Déjà les fruits de l'ultime secousse
Criblent les lombes du ciel blanc.

Dans l'attente à voix basse
De quelque chose de terrible et de simple
— Comme la récolte de la foudre
Ou la descente des gravats…

C'est la proximité du ciel intact
Qui fait la maigreur des troupeaux,
Et cet affleurement de la roche brûlante,
Et le regain d'odeurs de la montagne défleurie…

Sommets de vent et de famine,
Motet insipide, fureur des retours,
Je redoute moins la déchéance qui m'est due
Que cette immunité
Qui m'entrave dans ses rayons.

Terre promise, terre de l'éboulement,
Malgré les colonnes, malgré le tambour.

Mon corps, tu n'occuperas pas la fosse
Que je creuse, que j'approfondis chaque nuit.

Comme un sanglier empêtré dans les basses branches
Tu trépignes, tu te débats.

Le liseron du parapet se souvient-il d'un autre corps
Prostré sur le clavier du gouffre ?

Jette tes vêtements et tes vivres,
Sourcier de l'ordinaire éclat.

Le glissement de la colline
Comblera la profondeur fourbe,
L'excavation secrète sous le pas.

Le calme s'insinue avec l'air de la nuit
Par les pierres disjointes et le cœur criblé

À la seconde où tu as disparu
Comme une écharde dans la mer.

Je touche et tes larmes et l'herbe de la nuit…
Allégresse mortelle, est-ce toi ?

La lumière deviendra-t-elle argile dans mes mains
Pour la modeler à ta ressemblance,
Ô mon amour sans visage ?

Qui va tresser au pied de la combe
L'osier coupé par ces enfants ?

Qui peut mourir encore
Comme une aggravation de la lumière,
Comme un accroissement du calme ?

Parole déchiquetée,

Pour une seule gorgée d'eau
Retenue par le roc,

Parole déchiquetée,
Fiente du feu perpétuel,

Éclats de la pierre des tables.

Arachnéenne sollicitation qui menez de ténèbre en ténèbre ma faux jusqu'à l'orée du cri, ce nœud qui vante la récolte, dites-moi pour qui brilleront ma sueur et mes larmes, toute une nuit, sur cette gerbe hostile, près de la lampe refroidie.

L'EMBRASURE

Le corps clairvoyant

LE RACCOURCI

Franchi le soupirail,
Passé le raclement des pelles
Et l'écume des tombeaux,
J'écrirai comme elle jaillit,

Vertigineuse, gutturale,

Debout contre ce bois qui se fend,
Ma table renversée, la porte du toril.

En effet la fraîcheur est tirée…

Ta faucille lasse le ciel.

Pour que lève le pain de chaque nuit
Tu veilles au désordre.
Tu titubes dans l'équivalence des règnes.

Du volcan à la mer
D'autres dénombreront les degrés.

Hâte-toi de reconduire le fer
Ivre de son battement,

D'extraire d'un bol de boue ton territoire
Mais en surplomb au-dessus de l'affluence
Des gisants et des nombres

Comme la pythie sur son gril.

LE POINT DU JOUR

Si ton ouvrage finissait, pouvait finir,
Servante infatuée qui me convoites de si bas,

Prolongeant l'âcre jouissance
De me voir naître et demeurer
Fourche et devin, roc et torpeur…

Mais il n'est pas vrai qu'elle fuit
Depuis des millénaires.

Mes ongles accrochés à sa résille noire
Elle me traîne, et mon front donne
Contre l'envoûtement des dalles.

Autour de nous se tissent, se resserrent
Les dialectes de l'abîme.

De son atroce amour prolixe de rétiaire
La dernière maille étincelle
Au même instant que le couteau.

Se raccordant à l'air, à la parole neuve,
L'intervalle d'un crime manque à tout fondement.

105

VINDEMIATRIX

Mes gisants vont sans escorte
Et luisent de rancune.

Ce coude brusque, c'est la guerre,
Non, l'insomnie, la sécheresse capitale…

M'ont-ils vue rire de dos,
Et trembler,
Toute une nuit, sans la tarir,

Moi, le jeûne soudé à la face
De peur de leur ressembler,

Et avare de scintillements
Dans la cendre, dans le ciel…

Svelte contradiction, je m'approche
Tout bas, pour être mieux comprise,
De celui qui n'attend plus,

De ce feu qui n'est pas encore.

106

LE HARNAIS

La source où nous baignions nos yeux
S'aigrissait au lieu de tarir.

J'en porte la balafre,
Le miroitement qui désarçonne.

Depuis qu'en elle toute fleur
T'opprime, lumière, hermétique lumière.

Au brusque tassement du corps, de la voix,
Répond, encore humide, l'herbe d'un visage
Dont l'obscurité se déchire.

Mon pied se voûte lentement
Comme la mer

Avant de reprendre la route,
La strophe millénaire,

Le soleil en accroissement.

LA RÉPÉTITION

Cela qui dans la parole scintille et se tait,
La nuit roule sur cet essieu,

Singulièrement la présence
Et la distance de cela qui nous rive

À sa quelconque effigie frauduleuse

Et s'exaspère dans les fleurs
Loin des piliers et des trombes...

À peine une leçon de choses obscures
Un viatique de poussières
Et sa dissipation...

TREMBLEMENT

Des colonnes d'odeurs sauvages
Me hissent jusqu'à toi,
Langue rocheuse révélée
Sous la transparence d'un lac de cratère.

Fronde rivale, liens errants
Une vie antérieure
Impatiente comme la houle,
Se presse et grandit contre moi

Et, goutte à goutte, injecte son venin
Aux feuillets d'un livre qui s'assombrit
Pour être mieux lu par la flamme.

De ce ramas de mots détruits
Entre les ais de la mort imprenable
Naîtra la plante vulnéraire

Et le vent noueux au-delà.

L'ÉTANG DANS LA FORÊT

Nulle part, ou contre ta joue, très haut,
la lumière… La même, par intermittences,
qui écorche le mur, et rôde autour d'une chimère
avant de la dissoudre… L'étang dans la forêt, l'enfance

comme une branche immergée
tirée par surprise à la berge
et qui scintille à contre-jour.
Si je force sa voix déjà
c'est pour restituer à la boue
ses villages lacustres, ses pétales acides…

Rien de sûr, ici, tout contre moi,
un des foyers de l'ellipse, ne se trace,
parmi la limaille des mots, sans se décorporer
son double. Et le détruire… Elle,
avec la même fièvre minutieuse,
sa turbulence obscurcissant
le second foyer de l'évocation,
s'effondre comme un chant d'oiseau.

Paroles, alluvions régressives,
d'un avenir épars jetant un tablier de brume
sur cette enfance déjà noire

dont la Muraille de Chine
reste éclaboussée.

Proximité du murmure

Comme il est appelé au soir en un lieu tel
que les portes battant sans fin
facilitent ou dénouent le tête-à-tête

hors de la crypte forestière il la traîne
au grand jour, ou plutôt il lui parle

il la dénude parmi les rafales de vent
ou plutôt il commence à se taire
avec une telle fureur dans les rayons
de la lumière verticale
une telle émission de silence comme un jet de sang

qu'elle se montre nue dans sa parole même
et c'est un corps de femme qui se fend

Par une allée d'iris et de boue écarlate
descendant à la fontaine la tarir…

mais toute l'humidité antérieure
revêtait la roche comme si
nos lèvres s'étaient connues
jadis
sans le feu de la rosée qui monte,
sa dot, l'innombrable et l'évanouie…

transparence têtue elle flambe
elle environne de ses tresses
un pays qui reprend souffle et feu

N'être plus avec toi dès que tu balbuties
la sécheresse nous déborde
le cercle de tes bras ne s'entrouvre que pour mieux
ne rien dire
selon l'heure et le parfum
et quel parfum se déchire
vers le nord, l'issue dérobée…
peut-être ton visage contre le mien,
quand bien même tu me mènerais,
encapuchonné, sur ton poing,
comme aux premières chasses de l'enfer

Au-delà du crissement d'une sandale dans l'allée

soustraite au silence elle a glissé elle aussi
à cet oubli de soi qui culmine

et s'inverse en un massif de roses
calcinées

aveuglante énumération de ses haltes
et de ses périls
                    réciprocité de dentelles
entre son visage et la nuit

j'extrais demain
l'oubli persistant d'une rose

de la muraille éboulée
et du cœur sans gisement

116

Plus lourde d'être nue

ses vocalises meurtrières
son rire au fond de mes os

notre buisson quotidien
les balafres de la lumière

À se tendre à se détendre
sur les traces secourues

sans se dégager femme tout à fait
du bestiaire indistinct qui la presse

parmi tant de pieux incantatoires
fichés dans le matin
roule et grossit le soliloque

de la boue

fade usurpatrice elle dort et me hait
j'ai négligé son dénuement
elle se tient un peu plus haut

ombre démesurée d'une roue de charrette
sur le mur lourdement vivant

Nulle écorce pour fixer le tremblement
de la lumière
dont la nudité nous blesse, nous affame, imminente
et toujours différée, selon la ligne
presque droite d'un labour,
l'humide éclat de la terre ouverte…

étouffant dans ses serres l'angoisse du survol
le vieux busard le renégat
incrimine la transparence
vire
et s'écrase à tes pieds

et la svelte fumée d'un feu de pêcheurs
brise un horizon absolu

Sinon l'enveloppe déjà déchirée
avec son précieux chargement

le heurt sous un angle stérile
de la hanche qui luit

comme si l'étrave en était lisse
sous la ligne de flottaison

mais le mouvement de la barque rendit
plus assurés l'écriture l'amour
tel un signe tracé par les oscillations du mât

au lieu des étoiles qui sombrent
entre le rideau bruyant

et l'odeur de ses mains sur la mer

Sous le couvert la nuit venue
mon territoire ta pâleur

de grands arbres se mouvant
comme un feu plus noir

et le dernier serpent qui veille
en travers du dernier chemin

fraîcheur pourtant de la parole et de l'herbe
comme un souffle la vie durant

Ce qu'une autre m'écrivait
comme avec une herbe longue et suppliciante

toi, toute, en mon absence, là,
dans le pur égarement d'un geste
hostile au gerbier du sang,
tu t'en délivres

tel un amour qui vire sur son ancre, chargé
de l'ombre nécessaire,
ici, mais plus bas, et criant
d'allégresse comme au premier jour

et toute la douleur de la terre
se contracte et se voûte
et surgit en une chaîne imprévisible
crêtée de foudre
et ruisselante de vigueur

Musique éclatée ciel sifflant dans un verre
fraîcheur du soleil sous la brûlure de la peau

le même sifflement mais modulé
jusqu'au silence qui sourd
de tes plissements de granit
scintillante écriture le même sifflement

lance le tablier du pont sur ses piles de feu

où tombera-t-il noir le fruit méridien
si je franchis le bras de mer

une pierre l'étreint et s'efface

le livre ouvert sur tes reins
se consume avant d'être lu

Agrafes de l'idylle déjà exténuée
pour que ce qui fut immergé respire
à sa place, dans l'herbe, à nouveau,

et de la terre, toute, presque anéantie
ou comblée bord à bord
par l'enracinement de la foudre

sauf la respiration de cette pierre nocturne,
le théâtre tel que je me vois,
l'anticipation d'un brasier

sans son cadavre retourné
un autre traversera la passe
dans la mémoire de grandes étendues de neige
brillent
entre chaque massacre

Sorbes de la nuit d'été
étoiles enfantines
syllabes muettes du futur amour

quand les flammes progressent de poutre en poutre
sous nos toits

exiguë
la définition du ciel

Nous dégageant, nous, de l'ancienne terreur
ou de cet enrouement par quoi les racines mêmes
s'expriment, s'allégeant...

                     que ce soit le silence
ce qui était présent, là, trop exposé
depuis l'aube, sur le sol fraîchement retourné,
l'ingratitude ou la légèreté des hommes, avec le vent,

je me dresse dans l'étendue, seul,
contre cette lumière qui décline,
le bâillon rejeté

               ... que ce soit le silence
lentement déployé qui règne
déjà nécessaire, déjà opprimant

Par la déclivité du soir le secret mal gardé

je la blesse au défaut de sa lecture
le vent répare les accrocs

enclume ou
catafalque d'étincelles

avec ce qui naît et meurt au bord
de sa lèvre acide
ciel pourpre et montagne nue

elle se penche et je vois
au-delà de la ligne de son épaule

mon enfance troglodyte

dans la paroi violette où le soleil couchant
se brise comme un pain

elle se penche je vois...

et ils regagnent, lui, son affût, elle le feu d'un attelage
— et la même suffocation

Seuil de son corps murmurant
                              ce livre
à la lampe je le dédie

à la lampe c'est-à-dire à la nuit
même dôme et même clarté
même indifférence et même
intimité vindicative
lampe et nuit insondables et proches
de la question que le calme infini
de dehors chuchote en l'étouffant
comme on se détourne d'un crime

ce livre je le casse en vous regardant
choses nues
                malgré l'amarre souterraine
malgré le pas mortel
inaccoutumé

La nuit grandissante

De retour parmi vous
le dépôt dont j'ai la garde
est-il visible dans son tourbillon ?

Parmi vous, et ne servant à rien
qu'au désordre,
                qu'aux semailles…

Infligeant aux siens
l'adoption d'une autre source
— et d'une autre ligature —
il se blesse, la fatalité du retour le blesse
le retranche,

mais l'exultation de ceux qu'il trahit
tonne dans sa blessure,
                                    seconde source,
ou encore quelque greffe
contribuant à la nuit

Comme pour hâter la tombée du jour
ma dislocation au cœur lisse

j'exulte avec le rocher
dont la face obscure est celle-là
que le soleil a frappée la dernière

tard venue mais du fond de la nuit
de lèvres mal fermées qui s'obstinent
la lumière dévore, ou son absence de limites,
un espace franchi pauvrement

si je sombre je sombre avec elle
le mot duel au bord des lèvres
donnant sa forme au silence
comme une flûte inclinée

la même érudition stridente
se détache de la paroi

et empierre une route inaccoutumée

Ouverte en peu de mots,
comme par un remous, dans quelque mur,
une embrasure, pas même une fenêtre

pour maintenir à bout de bras
cette contrée de nuit où le chemin se perd,

à bout de forces une parole nue

Les fleurs lorsqu'elles ne sont plus
leur fraîcheur gravit
d'autres montagnes d'air

et la volupté de respirer s'affine
entre les doigts qui tardent à se fermer

sur un outil impondérable

Là-bas c'est lui qui disparaît
sillon rapide, à l'aube, avant leur blessure
pour qu'elles s'ajoutent à d'autres liens,
fleurs, jusqu'à l'obscurité

lui, venu du froid et tourné vers le froid
comme toutes les routes qui surgissent...

Tant que ma parole est obscure il respire

ses bras plongent dans l'eau glacée
entre les algues vers d'autres proies
glacées comme des lampes dans le jour

Si peu de réalité parvient au vivant
qu'il fasse violence ou qu'il sème
hardiment sur la pierre et les eaux

le ciel tendu la scansion des marteaux
quelques-uns parmi nous sont entrés intercédant
pour produire de nouveaux nuages

Il ignore où le porte ce souffle
ou ce bras, les miens, et c'est le prix
de notre mésalliance
de notre effacement jusqu'à la fourche
où la lumière s'unifie

Pays indescriptible
quand le vent se lève et le démembre
il brille, je le vois,
chaque intervalle nous absorbe

chaque pas en retrait scintillant
suspend et meurtrit l'imminence du sens

les tessons du mur mieux qu'une eau morte
réfléchissent les étoiles

Sous la roche elle se tient, secrète,
la source qui commande
d'anticiper sur son jaillissement

jamais bêche inutile, amour muré,
n'ont lui si loin, si durement

avant que la nuée ne se reforme
et saigne
sous les images dispersées

les fleurs accoururent bien que rudoyées
le froid des fleurs ouvertes la nuit
dont les tiges percent la liasse
de nos vies antérieures, enfin visibles

jusqu'à la goutte d'eau, arrondie
par le songe avare
d'une montagne de granit et de nuit

Dans la chambre la nuit plonge
une lame fraîche et puissante
comme un aileron de requin

la nuit séparée des constellations

pendant que la montagne glisse
les racines du feu

portent à l'incandescence
la poussière du socle
et le sang
transpiré par le fer

Même si de son cadavre
tout ce mâchefer est épris

sa mort a favorisé
l'élargissement d'une harpe de nerfs

la lenteur d'une épissure
aux prises avec les ongles
arrime le cri sous la bâche

j'invente le détour qui le rendrait vivant
et l'étendue du souffle
au-delà du harcèlement des limites

lattes rongées aspects du ciel

sporades d'un récit qui se perpétue
entre le ressac et la lie

Malgré l'étoile fraîchement meurtrie
qui bifurque
— c'est sa seule cruauté le battement
de ma phrase qui s'obscurcit
et se dénoue —
il est encore capable, lui, de soutenir

la proximité du murmure

Loin des écluses loin
des nasses où agonisent les couleurs

toute cime dans nos poings s'emmure
et resurgit
et se renouvelle ou épanche un excès
d'éclat
qui sans nous l'étoufferait

sans le sang de cette anfractuosité
mortelle, et le souffle infiniment ouvert
à la faveur du bond qui nous disloque
contre la pierre du cri fossilisé

toute cime perdue pour les étoiles
est une torche ressaisie

comme une vie détruite à l'instant
dont les mains qui la tordent
expriment
la lumière

La vague de calcaire et la blancheur du vent
traversent la poitrine du dormeur

dont les nerfs inondés vibrent plus bas
soutiennent les jardins en étages
écartent les épines et prolongent
les accords des instruments nocturnes
vers la compréhension de la lumière
— et de son brisement

sa passion bifurquée sur l'enclume
il respire
comme le tonnerre
sans vivres et sans venin parmi les genévriers
de la pente, et le ravin lui souffle
un air obscur
pour compenser la violence des liens

Je me jetterais dehors
si c'était moi seul, cet amour compact,
tenons et mortaises,
dans le milieu du monde
arrêté,
toute sa force est dans le front bas
et la corne enroulée du bélier,
il charge, — comme si c'était moi
sa prison, non la limite errante et la soif
du ravin où je me jetterais

si son sang sa laine noire
s'agitaient au vent du roncier, se mêlaient
à l'eau du torrent soudain

Entre la diane du poème et son tarissement

par une brèche ouverte
dans le flanc tigré de la montagne

elle jaillit, l'amande du feu,
la jeune nuit à jeun
derrière la nuit démantelée

comme elle se doit elle se donne
et brûle
avec de froides précautions

l'ouragan fait souche
un éclair unit

la nuit à la nuit

Lui que sa chute approfondit
il n'est pas sans apparaître

son ultime dérobade, ou son sommeil
parmi mes cendres apocryphes

Moraines

Écrire, est-ce un sommeil plus mobile et qui s'entoure de comparses ? Ou le mouvement excessif d'une veille qui pulvérise ce qui la supporte, en nous jetant au centre immensément ouvert de sa pupille envenimée ? De cet œil effaré où se concentrent toutes les lueurs de la Loi non écrite, nous subissons l'emprise, et le décollement sismique au-dessus de la mer. Son éternité viscérale, son embaumement dans la lettre et le temps se recommencent dans l'assassinat silencieux que nous différons aussi longtemps que l'écriture nous parcourt et nous rend invisibles. Un astre sans préparatifs traverse la muraille. Nous sommes les souffre-douleur de son matriarcat pervers. Notre respiration accordée à la sienne, nous restons prisonniers de l'odeur des mousses dans les fissures de son règne.

La figure rythmique de votre conjonction : ma mort. Sa trace creusée dans la muraille de l'angoisse commune : mon souffle. Mes ramifications dans un contexte équilibrant : l'effritement de votre soif. Le paradoxe de midi.

L'injonction silencieuse glisse à la surface des eaux, brille à la cime de l'herbe et affleure le mot quotidien. C'est la réponse, l'acquiescement qui tonne, le « oui » longtemps réprimé comme si son retard devait augmenter la charge, accroître l'ampleur de l'explosion et rendre irréversible le départ. Il tonne. Arbitraire déflagration, il jaillit de la gueule d'un quelconque canon dont le recul me jette à terre, ici, n'importe où, si je suis vivant. Ici, un lieu habitable à cet instant à cause d'une imperceptible fracture, de l'infime intervalle qui mesure ma liberté de mouvement et de don, pareil à quelque battement de cœur identifié soudain dont il serait la cause fugace. Si je cesse alors d'être exclu, séparé par quelque rempart transparent, c'est pour bouleverser ce que j'aime, saccager ce qui m'est offert, nouer en fagots les branches mortes pour le feu de ceux-là qui peut-être ne viendront pas. Car l'écriture ne nous rend rien. La consumation même est imparfaite.

J'ai cru rejoindre par instants une réalité plus profonde comme un fleuve la mer, occuper un lieu, du moins y accéder de manière furtive, y laisser une empreinte, y voler un tison, un lieu où l'opacité du monde semblait s'ouvrir au ruissellement confondu de la parole, de la lumière et du sang. J'ai cru traverser vivant, les yeux ouverts, le nœud dont je naissais. Une souffrance morne et tolérable, un confort étouffant se trouvaient d'un coup abolis, et justifiés, par l'illumination fixe de quelques mots inespérément accordés. Nous coïncidions hors du temps mais le temps pliait les genoux et si je ne le maîtrisais pas dans sa course, du moins commandais-je alors à ses fulgurantes éclipses… Je l'ai cru. Le battement de l'abîme scandait abusivement l'offrande de rosée au soleil, dehors, sur chaque ronce.

Expérience sans mesure, excédante, inexpiable, la poésie ne comble pas mais au contraire approfondit toujours davantage le manque et le tourment qui la suscitent. Et ce n'est pas pour qu'elle triomphe mais pour qu'elle s'abîme avec lui, avant de consommer un divorce fécond, que le poète marche à sa perte entière, d'un pied sûr. Sa chute, il n'a pas le pouvoir de se l'approprier, aucun droit de la revendiquer et d'en tirer bénéfice. Ce n'est qu'accident de route, à chaque répétition s'aggravant. Le poète n'est pas un homme moins minuscule, moins indigent et moins absurde que les autres hommes. Mais sa violence, sa faiblesse et son incohérence ont pouvoir de s'inverser dans l'opération poétique et, par un retournement fondamental, qui le consume sans le grandir, de renouveler le pacte fragile qui maintient l'homme ouvert dans sa division, et lui rend le monde habitable.

Les treuils, les cordes, les poulies, — les volants et les leviers — les manettes, les trappes, les glissières — la poussière et les aboiements — toute la machinerie du théâtre mental se met en marche, fonctionne à vide, fonctionne pour le vide, pour le divertissement du vide...

jusqu'à ce que le fleuve en crue sur lequel est flottant ce théâtre, s'engouffre entre les colonnes et les ors, et apporte un dénouement à une vacance éternelle de drame. Tout ce qui roule entre mes tempes, de sécheresse et de cailloux, à les faire éclater, comme à travers un cirque de montagne qui amplifie son grondement, et roule, et déferle contre vos genoux...

Invisible, elle occupe tout l'espace et cependant elle marche à mes côtés. Elle habite un lieu qui n'est pas, et c'est le ciel second, le ciel mis à nu, le ciel sans le bleu du ciel. (Et ses racines croissent dans la pierre de ce ciel, que j'enferme et qui me comprend.)

Enchaînés et indifférents, nous travaillons ensemble, l'un pour l'autre, et nous nous éteindrons ensemble, sa journée achevée, car elle ne me survivra pas et nous ne nous rencontrerons jamais. Je ne peux m'empêcher de l'imaginer hors de moi, et de tendre ainsi vers une frauduleuse image d'elle. Tentation de la dévêtir, mais elle n'est jamais nue comme le sont les femmes. De lui prêter une apparence, une distance, pour l'approcher, la désarmer, la séduire… Elle feint de s'éprendre tour à tour des masques et des travestis que je lui tends — comme des pièges. Masques et pièges se referment sur moi.

Sans doute me nourrit-elle, entretient-elle mes forces, ou plutôt m'oblige-t-elle à tout instant à une nouvelle opiniâtre naissance. Je l'entame avec chaque mot et de chaque mot dont je m'appauvris, elle s'accroît, se fortifie, tire plus de douceur et de persuasion. Je la creuse avec chaque mot et j'ai le désir de l'épuiser avec une telle persévérance, — et un tel enjouement quand je suis lucide —, que dans la parole ressassante que je lui adresse, confidence ou imprécation, mots sans ombre de l'habitude que chacun a dans l'oreille et que personne n'entend plus, je vois poindre sa défaillance, sa première éclipse et sa seule infidélité…

Poussière éparse au vent de la nuit d'hiver, je n'occuperai pas le berceau qu'ensemble, ma vie durant, nous aurons tressé de nos mains confondues, avec les osiers du courant.

Il m'est interdit de m'arrêter pour voir. Comme si j'étais condamné à voir en marchant. En parlant. À voir ce dont je parle et à parler justement parce que je ne vois pas. Donc à donner à voir ce que je ne vois pas, ce qu'il m'est interdit de voir. Et que le langage en se déployant heurte et découvre. La cécité signifie l'obligation d'inverser les termes et de poser la marche, la parole, avant le regard. Marcher dans la nuit, parler sous la rumeur, pour que le rayon du jour naissant fuse et réplique à mon pas, désigne la branche, et détache le fruit.

Tu ne m'échapperas pas, dit le livre. Tu m'ouvres et me refermes, et tu te crois dehors, mais tu es incapable de sortir car il n'y a pas de dedans. Tu es d'autant moins libre de t'échapper que le piège est ouvert. Est l'ouverture même. Ce piège, ou cet autre, ou le suivant. Ou cette absence de piège, qui fonctionne plus insidieusement encore, à ton chevet, pour t'empêcher de fuir.

Absorbé par ta lecture, traversé par la foudre blanche qui descend d'un nuage de signes comme pour en sanctionner le manque de réalité, tu es condamné à errer entre les lignes, à ne respirer que ta propre odeur, labyrinthique. La tempête à son paroxysme, seule, met à nu le rocher, que ta peur ou ton avidité convoitent, sa brisante simplicité, comme un écueil aperçu trop tard. N'est vivant ici, capable de sang, que ce qui nous égare et nous lie, cette distance froide, neutre, écartelante, jamais mortelle, même si tu m'accordes parfois d'y voir crouler la lumière, et s'efforcer le vent.

J'observe jusque dans mon corps les attaques et les accalmies d'un mal innommable, et les mouvements de ce qui, en moi, le refuse, le repousse, pactise, s'insurge à nouveau. Assauts minuscules, persévérants, détachés comme des grains de la catastrophe absolue. Le grignotement de la falaise par la vague successive laisse ordinairement subsister la falaise. Qu'en sait-on ? Il est des luttes qui fortifient, celles qui supposent la réciprocité des coups, une mesure soutenable de part et d'autre, une entente implicite même dans la destruction pour qu'un doute persiste, qu'une dernière chance reste offerte au vaincu, que le fond d'un retournement inespéré soit maintenu, c'est-à-dire que le combat sécrète jusqu'au bout son espace. Mais il est un mal insidieux, une puissance d'annulation, qui abolit tout espace et toute semence d'espace. Une vague de béton qui colmate la dernière faille du cœur rocheux. La disparition de l'homme divisé, l'homme que je suis depuis la préhistoire, ouvrirait un nouvel âge de l'espèce dont la perspective glace le sang. Je me sens devenir par instants cet homme hermétique et comblé dont les paupières battent et cessent de battre comme des volets de fer sur une eau morte sans reflets.

Réciprocité sans apparat, plusieurs, innocents de leur conjonction, dilapident follement, mortellement, ce qu'ils n'ont pas encore élucidé ni conquis. Pour la distribution de nouveaux signes, au-delà, sans la piste d'un texte ou le sillage d'une voix gelée. Le Jeu découvre et recouvre leurs traces ponctuelles. Leurs ombres transparentes se multiplient, se croisent, délimitent une aire, — arène, échiquier, page blanche —, que leur absence physique illumine. Monotonie de la comparution, impossibilité de l'échange. L'attente se résout en un rideau de flammes qu'on traverse, qu'on emporte collé à la peau, comme une nudité seconde, véridique. Et nous reconduit au point de départ, à la solitude arasée, aux dés jetés à la mer. Tout écrit n'est lisible qu'à l'extérieur de cette frontière en dents de scie à laquelle il s'adosse, — et se déchire.

Nous saisissant du tumulte, et sans attendre qu'il grandisse, que la chambre grandisse, nous nous écartons de cet autre foyer, l'oubli de l'extrême quai de l'hiver.

Un astre rampe vers sa chaîne…

Migrations incessantes des mots jusqu'au dernier à travers l'écriture, tentative pour rendre un seul instant visible à leur crête celui qui disparaît déjà. Le sentiment de la perfectibilité de leur marche et de la fragilité de leur liaison tend à me persuader de mon pouvoir d'en finir. À me persuader qu'à la fin quelque chose d'édifié et de rompu à la fois affrontera la mort avec des yeux qui ne sont pas les miens. Et manifestera le caractère fortuit, accidentel, insignifiant de ma disparition. Comme l'allégresse d'un rayon de soleil brisé sur la paroi tout à coup privé d'ombre et de sens.

De cet édifice hors de vue, et inimaginable, j'élimine les matériaux incompatibles avec sa nature, avec son dessein. Incapable d'en esquisser les lignes ou d'en supputer la hauteur, j'arpente le sol de sa base, j'attends de l'écriture seule qu'elle en indique l'orientation et le tracé, je pèse, et j'interroge de la main les pierres avancées, je saisis et je rejette avec l'obscur instinct de la bête avertie des nourritures qui lui sont néfastes. Et je jalonne l'étroitesse de mon territoire, je sonde l'aridité de son sous-sol.

Ficher en terre ferme un pieu, un second pieu, à l'infini le même pieu, sans que se dresse la moindre palissade, — à quoi se réduit et par quoi recommence toute entreprise d'édifier.

Il manque une heure au cadran. Le temps d'accourir et de te surprendre, déesse dégrafée par le parfum du basilic. Dans la stridulation de la chaleur... Non loin d'un mur de pierres pauvres, — aux joints extravagants.

Commencer comme on déchire un drap, le drap dans les plis duquel on se regardait dormir. L'acte d'écrire comme rupture, et engagement cruel de l'esprit, et du corps, dans une succession nécessaire de ruptures, de dérives, d'embrasements. Jeter sa mise entière sur le tapis, toutes ses armes et son souffle, et considérer ce don de soi comme un déplacement imperceptible et presque indifférent de l'équilibre universel. Rompre et ressaisir, et ainsi renouer. Dans la forêt nous sommes plus près du bûcheron que du promeneur solitaire. Pas de contemplation innocente. Plus de hautes futaies traversées de rayons et de chants d'oiseaux, mais des stères de bois en puissance. Tout nous est donné, mais pour être forcé, pour être entamé, en quelque façon pour être détruit, — et nous détruire.

Le silence creuse son lit dans la parole jusqu'au cœur de celui qui ne l'attend plus, qui veille et travaille dans la souffrance de sa non-venue. Balle de nul fusil tirée, à nul horizon comparable, elle se loge dans le cœur bruyant, pour l'anéantir, et germer. Nous n'avons plus à dominer la mer, assourdissante, à transcrire le marmonnement du cyclope... Le silence qui reflue dans la parole donne à son agonie des armes et comme une fraîcheur désespérée. Le moindre mot se charge de violence, même celui que sa violence native écartait de nous. Distincte du mouvement des lèvres grises, la parole silencieusement irradie... Trajectoire du crépuscule, météore grandissant...

Il fait corps avec la distance qui le sépare de son objet. Il prend feu dans l'incendie de cette interdiction brusquement levée, dans cette mise à nu que le temps récuse, mais dont un espace jaillit comme de l'explosion d'une graine. Meurtrier de son objet, meurtrier de son amour, meurtrier de soi dans le même instant et avec la même innocence. Avant de devenir tout à fait fou dans les méandres du retour, fou d'inconnu et fou de calme… Le chemin qu'il suivait les yeux fermés douloureusement se fractionne. Il enfante trois sentiers de chèvre qui se répondent à flanc de montagne avant de se volatiliser en parfums.

Soustraite à la respiration de ce qu'elle avait imaginé jusqu'ici refléter, argent d'un bracelet terni par la lune et que purifiait au matin le passage d'une autre haleine, cette silhouette désormais, à chaque instant comme redessinée par son ombre dansante, s'apprête à sortir du jardin par une porte dérobée. Un bras levé devant les yeux, la paume ouverte contre le dehors effrayant, son geste fait scintiller la ligne des montagnes au-delà de la cime des arbres.

Non, plus jamais le pourquoi des étincelles, mais leur macération, la nuit, dans une forêt d'arbres bas et de mots voltigeant autour de fruits inconnaissables. Je suis cassé par le cri d'un oiseau. Soulevé avec la première goutte d'eau qui débordera de la jarre. Mais la moitié du corps engagée dans le mouvement des labours.

Nous émergeons d'un immense registre qui bourdonne de surcharges et de repentirs, une liasse noircie de frustrations et de torpeurs.

Ce grabat, ce fumier, cet entassement de feuillets qui nous porte, nous sommes condamnés à réitérer le geste d'y mettre le feu. Le geste ostentatoire, le geste illusoire qui l'augmente en nous consumant.

Car il se nourrit de notre refus, de notre question, de nos débris. Il s'accroît de notre affaissement et de nos sarcasmes. Il suscite lui-même ce prurit de ses extrémités, ce brandon rougeoyant au sommet d'une montagne de scories, notre profanation

qui n'ajoute qu'une pellicule de poussière mentale à son ressassement millénaire, à sa stratification de désastres.

Monstrueuse mémoire maternelle, nos mains incestueuses, nos mains dociles en fin de compte, te défigurent et te ravaudent

et te prolongent comme par une transfusion saccadée de lenteur et de nuit.

Il y a des couloirs, des mains courantes et des escaliers en spirale dans l'air. Quand l'air nous manque. Quand les mots refusent de se détacher des choses. Et accroissent leur opacité, leur accablement, leur servilité de choses. Des couloirs et des mains courantes qui mènent à cette buanderie de l'air où nous allons nous échouer. Des couloirs sans fin qui nous relèguent et que nous finirons par vomir comme des fragments imputrescibles de l'affreux festin labyrinthique. Dans les galeries de ce terrier aérien, la bête insensée que nous sommes, meurt de s'unir à la bête future que nous enfermons, et que nous poursuivons, et que nous ajustons, dehors, aveuglément, avec une arme sans défaut qui ne peut abattre que nous.

Il ne manquait que toi sous le soleil abominable où fonctionnaient la gare et ses aiguillages, la ville et ses tricheurs, l'amour et ses tiroirs. J'errai longtemps à ta recherche derrière les palissades. On voudrait te croire sur parole, et c'est une autre que l'on presse, qui se souvient de tes paroles. Le feu se déclara en plusieurs points éloignés de la ville. Des fumées s'élevèrent comme des signes de ralliement. Est-ce toi que j'abordai, beaucoup plus tard, sur le quai du fleuve, près des grands entrepôts silencieux ? Nous avons ri, je t'ai perdue. J'écris sur les murs les mots qui les rendent imprenables.

Il affame ses aigles. J'ai pitié de lui.

Ce qui, dans cette débâcle d'eaux et de glaces, résiste au déferlement unanime, et à la confusion élémentaire, résiste, surnage, se met en travers du courant, contredit l'ordre diluvien et, au terme d'une lutte opiniâtre, obtient de son refus et de sa crédulité, de prendre corps et signification, d'être là, d'être présent, encombrant, éclairé, comme un enfant, comme une hutte de planches et de joncs, comme un fagot de paroles noué et jeté au hasard, et que le froid de quelqu'un, très loin de là, oriente, redresse, allume…

Saluons ce qui nous délivre, le bulldozer jaune flamme, le scarabée géant au thorax secoué de fièvre, les reins en porte-à-faux pour un monstrueux cambrement. Il est venu déraciner le palais et les ruines, renverser les images et la pierre, coucher les colombiers et les dômes, extirper les vieilles passions érectiles des hommes, et leur syntaxe verticale, et la prison en dernier lieu, tout ce qui reste de la ville. Clairière désormais pure de toute ombre malsaine. Table rase. Table dressée pour un festin sans nourritures et sans convives. Je salue sa candeur enragée qui s'apprête à combler notre attente, à signer notre ouvrage.

C'est alors que je te vois grandir, étoile. Que je te vois grandir et briller dans ma main minuscule, pierre taillée contre la famine.

La peur nous donne l'allure légère, le détachement, le regard avide à proportion de l'espace infini qu'elle déploie devant nous. Mais à mesure que nous allons, nous écartant de son foyer, les obstacles anciens se dressent, le poids de la terre, les entraves du sang, le goût des blessures, et la pierre d'un amour récent qui brille dans l'herbe et désigne les passages et les substitutions du jeu, angle vif que la peur regagne, et illumine.

Un heurt de lampes sur le versant stérile, et les sentiers se brouillent… Renversé, presque inconscient, je compte machinalement les rayons de la roue qui tourne au-dessus de moi, et se rapproche de mon corps, disloqué déjà, déjà mêlé à la boue…

Une boue qui pénètre les yeux, les oreilles, les narines et la bouche, et laisse néanmoins le visage intact dans le demi-jour du miroir. Étrangère, sans hâte, venue du dehors, du plus loin, et parlant au plus près, à voix basse, de ce qui est le plus proche et qui n'a pas de nom. Cette lie et ce lien, comme l'épaississement de notre ombre, nous saisissant, nous étouffant, nous inoculant son absence d'identité telle une araignée le venin.

Si je réplique à son murmure, elle a disparu, elle n'a pas été. Si je cède, et me détourne, elle suscite en retour certains mouvements reptiliens qui accentuent l'ancrage et la possession, resserrent les attaches visqueuses, affolent l'insistance et l'agilité de sa bouche innombrable. Tout se termine, cette nage ou cette agonie, par un soleil jaloux de ma suffocation, un soleil qui charge et nous pétrifie. Les deux parties d'une ammonite, hermétiquement enclenchées, se confondent alors avec toutes les pierres du torrent, avec tous les bruits de la nuit, et roulent un peu plus bas...

Pour moi, enfant et père nourricier de ce couple ana-chronique, il me reste à éprouver loin de là, durant un long éveil, la sensation de la fadeur extrême et de l'extrême flexibilité de la mort.

Il y a quelque part, pour un lecteur absent, mais impatiemment attendu, un texte sans signataire, d'où procède nécessairement l'accident de cet autre ou de celui-ci, dans le calme, dans l'obscénité, dans le dédoublement de la nuit écarlate, silence

trait pour trait superposable à ce qui, du futur sans visage, déborde le texte et dénude sa foisonnante et meurtrière illisibilité.

Vienne la crue, et cet affouillement des berges. Vienne l'orage, celui qui n'obéit pas à la voix, celui qui ne s'attable plus en face de nous dans la maison forestière, celui qui se déracine seul de la montagne pendant que nous fermons les yeux, celui dont la chaleur s'incline au-dessus de l'écriture dissidente, l'orage au féminin, la passante incorporée, la passante intarissable entre l'écorce et l'aubier.

S'éveillera sans nous l'alternative du sens au cœur de l'ébriété du langage. Du langage assoupli par l'allégresse de son rebondissement illimité. J'ânonne, il s'élance. Il oublie que je suis second, en retrait, en recul. Il ignore surtout que je n'existe pas, que je bave et transpire d'inexistence dans l'ébranlement de sa trace.

Il respire avant d'écrire… Puis il écrit sans respirer, toute une nuit, un autre respirant pour deux. Un seul respirant pour tous : cordée tendue dans la mort, dans la transgression, dans le cahotant quotidien qui les ressaisit et qui les borde.

Et de rire ! Lequel d'entre nous ? Aveugle de naissance. Attaqué par ses outils. Le monde est à ses pieds, désœuvré, grésillant. Il ne l'ignore pas mais demeure immobile. Et silencieux. Comme un arbre dans le soleil.

De la contorsion du pitre à la distorsion du supplice, ces pratiques mènent le corps. Sans garantir contre le procès inverse. Sordide, foudroyant…

Entre le coma et la transparence, seule la haie d'une phrase, vive, le souffle d'une haie, l'ombre haletante d'un loup…

La forêt nous tient captifs. Et le nombre. Et la solitude. Captifs mais portés à leur faîte, et brisés, depuis le premier jour, par l'entière douleur future éparse au-delà de nous.

En haut, le livre ruisselant. En bas, nos amours pétrifiées, avec le cérémonial de la peste. Entre eux, près d'une forge de montagne, la maladrerie de la bouche des hommes, l'échancrure du jeu.

Être, n'avoir rien. Il suffit qu'ils soient : astres, foyers de raison sans mesure. Qu'ils fonctionnent ici, dans la nuit battante, l'indifférence, à proximité de nos murs. Et que leur énergie, par instants, les renverse. Nous disloque. Irrigue nos traces. Irrigue nos champs fragmentaires.

Devant l'avidité de la terre, un immense désir de m'ouvrir les veines. Chaque motte de terre, l'abreuver de ma nuit... Notre amour ne compte plus ses cadavres, ses cadavres transparents, ses cadavres dissous dans le soleil.

Assumer la détresse de cette nuit pour qu'elle chemine vers son terme et son retournement. Littéralement précipiter le monde dans l'abîme où déjà il se trouve. En chacun se poursuit le combat d'un faux jour qui se succède avec la vraie nuit qui se fortifie. De fausse aurore en fausse aurore, et de leur successif démantèlement par la reconnaissance de leur illusoire clarté, s'approfondit la nuit, et s'ouvre la tranchée de notre chemin dans la nuit. Ce nul embrasement du ciel, reconnaissons sa nécessité comme celle de feux de balise pour évaluer le chemin parcouru et mesurer les chances de la traversée. En effet tous les mots nous abusent. Mais il arrive que la chaîne discontinue de ce qu'ils projettent et de ce qu'ils retiennent, laisse surgir le corps ruisselant et le visage éclairé d'une réalité tout autre que celle qu'on avait poursuivie et piégée dans la nuit.

Tu les désires, ces poissons vivants dans la mer. Tels, je te les donnerai, — ou rien. Vivants poissons dans la mer.

L'issue dérobée

Marmonnement

profonde route ravinée du soleil

l'un de nous s'appauvrit et nous devance
une immense aversion pendulaire
le tirant

plus jamais la terre nue, seule à seul, affrontant
le langage désert

de son propre puits paludéen
le tirant

l'un de nous
que chaque mot torride a saisi

Une forêt nous précède
et nous tient lieu de corps

et modifie les figures et dresse
la grille
d'un supplice spacieux

où l'on se regarde mourir
avec des forces inépuisables

mourir revenir
à la pensée de son reflux compact

comme s'écrit l'effraction, le soleil
toujours au cœur et à l'orée
de grands arbres transparents

Nous courûmes
des trombes de soleil
mirent en pièces

jusqu'au fond de nous
la barque

       la terre
un unanime roulement de saveurs
s'éloignait

dans la lumière des portes arrachées, trombes

comme si je naissais, éclairs
pour fêter un roi
et toutes les étoiles s'enfonçaient dans la mer
pour dissiper l'illusion
élémentaire, et favoriser le ressac

Sous la frayeur du récit
inarticulé

le soleil
la signification de l'octroi

aphasique moyeu
ton règne
depuis que la roue me broie
je le nie

quelle que soit l'odeur putride des quartiers neufs
et les instruments de déclin étalés à nos pieds

nous dévorons le mâchefer
ce qui s'écrit sans nous
en contrebas

l'éraflure et la saveur
contiguës et désaccordées
ce qui s'écrit obliquement sournoisement
établissant le calme

comme une pyramide sur sa pointe

Sans le soleil, en contrebas

ce qui s'écrit c'est un corps
dont le soubresaut, dont le souffle
dont les crocs incestueux…

un corps où se creuse la route

de quelle plume trempée
dans les menstrues de quelle monstre
à travers quelle grille
caniculaire

un corps qui s'éboule, éclate
et s'agrège autour de sa crampe

à nouveau, et se dresse

faille du ciel effervescent

Ni conscience, ni lieu, ce qui suit,
la fin de quelqu'un, son corps
et dans ce glissement de collines la source

se dérobe, — ne se résout pas

un corps lu avec enjouement sous les vagues
le tison, la contre-prophétie
épinglée sur le mur de chaux

ou dans le tiroir un libelle
attendant son heure

Mettant à profit ce laps
comme en pleine face une pierre
franchirons-nous l'intervalle égarant

la césure d'un meurtre
qu'il nous incombe de réitérer sans retard

nous sommes de retour, la nuit tombe,
la mer…

bêtes descendues du soleil

comment tenir fermée la cage
où leurs ombres s'entre-dévorent

Une branche bat devant le mur blanc

neuve antériorité surgissante
parmi les embus de son cri

un grand corps machinal bouge
fleuve aux membres séparés
à la musculature jaune prisonnière
comme des nœuds vieux dans le bois

un enchevêtrement de lettres
en filigrane dans ses eaux

Détaché de la nudité
balistique

dehors, dedans se rétracte
neutre inondé

rasant les murs
de son ombre violente

écriture d'arpenteur
pour rejoindre la horde

besogne de bornage et d'illusion
autour des foyers qu'elle résorbe

indice, la lèpre du mur
avancé, du mur volatil
dont nous sommes solidaires
jusqu'au bout, jusqu'aux
commissures du brouillard…

retour au signe, à la pierre équidistante
— et le mètre étalon pour un arpent de félicité

Le soleil le dos tourné

une ligne nous absout

ta mort donne le signal :
l'évulsion la trajectoire
derrière une vitre sanglante
et la grande retombée planeuse
des éclats emblématiques

débris de soleil sur le remblai

Toi, cru mort, seulement dévoyé
vers une cible inverse
un chemin de ronde avec
la salive sèche du renégat

scrute ta comptabilité stellaire
elle atteint l'obscénité

De ce qui hors du temps s'accumule
osselets plutôt qu'ossements
l'inscription
        se retire
erre dans la forêt comme une bête
une borne qu'on déplace

restreinte puis scindée
par la banalité d'un mort
sans griefs
et replongée dans son identité violente
pour en resurgir

non moins ruineuse que le texte dilacéré
du soleil

Qui ravaude l'aigre tranchée
manteau fendu dans sa longueur
contre l'accolade

la boue enfante un oiseau

et la conspiration de l'air maternel
bien que réprouvé, bien qu'éblouissant

dur horizon rapproché

d'un cristal intelligible
il résume le voyage

la piqûre du serpent

a déposé sur nos langues
un immense oiseau entravé

Nos mains broyées
par les outils insaisissables

et la lumière s'éloigne de la plaie

nos mains énigmatiques
à force de froisser le plan du temple de Louqsor

qui bifurque et bourgeonne
à chaque dynastie
jusqu'à nous

le soleil

au-delà
l'insoutenable

entre chaque vertèbre explosant

vivants irréductibles
— et la lumière s'éloigne de la plaie

... en effaçant sur le sable
un autre nom que le sien
un autre lieu que le lieu

le feu qui s'allume au loin
rafraîchira la brûlure

et la fin de tout poème
et son recommencement sans fin...

DEHORS

La ligne de rupture

1

Il s'en faut d'un effondrement, d'une dérive souterraine

la surface du jeu, l'alternance et l'altération

c'est la peau du dehors qui se retourne et nous absorbe

analphabètes pour les feuilles, détachés de tout arriéré
scintillant

qu'on expulse de soi avec la tourbe, les viscères

et les choses attisées, la nuit, et les hardes de couleurs

la loupe asphyxie son maître, la fenêtre donne sur le
talion

2

Le sang sur le mur pour ne pas le voir

attenante aux travaux des confins l'hilarité

comme sa pelle raclait le fond cassait le sens

après l'incorporation de la marche à l'étendue

œufs couvés par le sable et la peur

comme si le désert intermittent l'aveuglait

au couperet de toute balance les éclats du linge et le
sang contradictoire

3

Acquiesçant pour disparaître, ou revenir, défalqué de la
somme

d'une seule coulée froide quand les parois se sont
concertées

le corps traversé mûrit, le corps appliqué s'élève

comme si jouait la solidarité du crime

nous ne nous trompons pas écrivant, n'écrivant que

les otages jumeaux dont l'intervalle est un masque

le dur axiome du levain, ce que le soc soulève de futur

4

Détruire l'écriture de cet espace oppressif et se perdre en
  l'écrivant

pour l'indivision dans le feu contre la léthargie des
  sources

les miettes du festin sont debout sur la nappe
  irréprochable

mimant ce qui rend exemplaire son exécration, le je
  plural et harcelant, décimé

il se mêle à l'eau limoneuse des parcelles incorruptibles

dans la chambre contiguë son sacrifice ou son sommeil,
  et le reflux

les blocs appareillés à leur suite, et soustraits à
  l'interprétation

5

Débarcadère de chaque chose et son hermétique
   fraîcheur

le tout-puissant affleurement dont tu assures la mobilité

l'aven comblé nous glissons jusqu'aux bords qui
   n'existent pas

une clarté vipérine une chaleur inachevée

nous sommes seuls, et nombreux, là, attestant une
   faiblesse de la langue

l'étalement de la question comme un champ de fleurs

nous errons dans le froid de plusieurs soleils

6

La traversée qui nous scande, la trajectoire qui nous
   mesure,

glène, au fond de son enroulement, ce qui dormait, et
   brûle

depuis que les portes s'ouvrent à ce tremblement de l'air

exultant de n'être pas l'horizon fossilisé d'un livre

nous, la mesure de la traversée, la scansion de la
   trajectoire

notre discordance convoite une illisibilité clignotante

alentour il y a le feu qui fait rage et les choses dessinées

7

Précipitée du dehors, étant du dehors la force, ou la loi, fourvoyée

de la masse enchevêtrée des lignes le brusque arrachement qui nous apaise

dérapage lassitude sur l'anneau consumé nous rapprochant de la courbe déclive

même enlevé sur une hanche de déesse, même en configurations purifiées

dans l'espace retourné comme une glace vide véridique

un éparpillement de l'autre à l'infini jusqu'à l'adéquation du nombre au non-sens

et le vent qui renâcle et s'épuise dans l'élargissement de la nuit

8

Surgir de l'effacement d'une trace illégitime

nos corps échangés se taisent, grandir est indifférent

l'orage fraye un chemin parmi les violettes atroces

allégresse, crève-cœur, du recommencement

de la limite fractionnée que la perte de la vue transgresse

dans la vigne où nous commencions d'être ensemble

les yeux plissés devant une couture sans couleur

9

L'exclamation qui courbe la vitre favorise un dernier
  éclat

la vitre et le vide afin que leur proie se dessine

joueur à la lisière du soupçon pour accueillir toutes les
  versions du geste

et affilié à ce qui n'est encore que lambeaux d'une
  gomme anxieuse

éclairs de chaleur entropie figure au timbre de plus en
  plus las

le rocher qui obstrue le sens n'est qu'un nuage désœuvré
  qu'on traverse

les blés mûrissent en une nuit, le surcroît de la douleur

10

Jusqu'aux ongles jusqu'à leur niaise férocité

en deçà les courbes grandissent les lignes s'oblitèrent

dans la logique du récit la pierre désirable roule au
  torrent inintelligible

inscrite en faux dans le contexte harassé qui la broie

notre troupe aux termes d'un vieux pacte évaporé

simplement la terreur d'écrire malgré l'inflexion du soir

le signe, qui nous force à l'écouter hors de toute saisie

11

L'air, ou l'ouvrage persistant, de ses mains taciturnes,
de ses mains torrentielles

il n'y a qu'une barrière à renverser pour que le proverbe
s'érige

sculpté par la foule, transpirant le vide qui la désaltère

le brin d'herbe ne dit rien de plus aux dents agacées que
ce plus

qui suspend les hostilités pour jouir

du seul affleurement qui fonde — le futur, la
monstruosité

tellement tendue que j'éclate

12

Sa naissance était de mots très simples et de coups de
feu isolés

sommes-nous la part éloignée de son dénuement le givre
furieux le sommeil

une peau si fine sur le monde qu'elle tient en échec le feu

s'inscrivant comme un don du soleil au cratère de sa
blessure

la lame — encore qu'il n'y ait rien que l'obscurcissement
du soleil

mais j'aime le goût de la terre en dessous et plus bas la
voix féminine

réfractant la tendresse des hautes parois incohérentes,
leur verte fragilité

13

Nous marchons avec discernement la bouche
  ensanglantée

c'est le flou de l'auvent qui nous blesse, le feu qui nous
  chasse

si haute est la nuit que nous sommes dans l'ignorance

l'émerveillement comme à la frontière d'un territoire
  excessif

après l'incorporation de la marche à l'étendue

d'un feu désaltérant de souches la cendre est blanche à
  nos pieds

à peine la clarté que laisse la mer en se retirant

Le soleil substitué

Un chiffon neigeux glisse sur l'obscurité du tableau. Il efface les signes de la nuit, les calculs d'une approximation fastidieuse, les jambages d'une culpabilité oppressive. Que reste-t-il que la main va toucher ?

La projection d'une parole évidée par la peur : passage dentelé que la nuit contre le vide inscrit, et suspend, et prolonge, au-delà de nos limites, au-delà de notre nuit. L'exode généalogique : ombres errantes des mères dépecées dans leur urine fabuleuse. La stase d'une théorie de chenilles noires, résignées à leur croyance, pour étancher les lueurs...

Peur, réversiblement, que d'autres pages, hors du tableau, ne s'entrouvrent. Du tableau gémissant sur son axe : une géomancie mortelle, encore dissimulée sous le manteau du gouverneur, la défroque d'un épouvantail en plein vent. Peur des transparentes moissons battues par le fer. Du renouveau… On est écorché vif, il faudrait être anéanti. Pour entendre, pour répondre…

Entendre, ou sentir… ce qui gronde dans le sous-sol, sous la feuille déchirée, sous nos pas. Et voudrait s'élever, — s'écrire. Et attire l'écriture, lui injecte son intensité, son incohérence… Ce qui crie et bat dans le sous-sol. Un harcèlement d'oiseaux. Et soudain le flux de limaille qui nous traverse, comme si son avidité, sa stridence écartaient les fibres, distendaient la trame, ajouraient le corps.

Sentir, découvrir, ce qui est, ce qui était déjà, sans être, là, et qui brûle en nous traversant, qui n'est souffert qu'en s'écrivant, et ne s'écrirait pas sans l'ouverture qu'un coup de folie fore dans l'opacité du réel. Sans l'orgasme et sans la blessure. Sans la mort dont a été brouillé le jeu, dispersés les pions et les rimes, incorporé et mis en œuvre ce qui ressemble à son désir, — son irréalité, son imposture.

Si près, cette nuit, de l'étouffement pur et simple, entre quatre murs, entre deux montagnes, si près de sortir, d'être hors de soi, d'échapper à la morte distinction du dedans et du dehors, toujours abusivement remaçonnée par les larves du dedans, si près de vomir et d'être vomis, d'être soulevés et brisés, d'être désunis, *de changer de corps…*

entre deux draps d'eau torrentielle, parmi les nuages rapides, mais la face contre terre, allant et dérivant, subissant l'attraction de l'absence de centre, jouissant d'un allégement inconnu…

nous sommes le non-lieu et le non-objet d'une gravitation de signes insensés. Des forces que nous ignorons, se heurtent, se composent, écroulant les vestiges, pans de murs, troncs foudroyés, lettres mortes, — et font monter le fond et ce que le fond retient et brasse, — et délivrent l'espace du travail nouveau…

Nous sommes le non-lieu et le non-objet de leur élan destructeur, le champ dévasté de leur conjonction et de leur divergence. Gisement à ciel ouvert. Espace de la douleur et de la chance parmi lequel, pour le dissimuler, s'élève encore, en reformant une durée absurde, l'encre du nuage, l'ébauche d'un texte impersonnel, — le commencement d'un corps éjecté de sa trajectoire.

À la « haine de la poésie » succède la trahison de la poésie. À son affrontement de face, une dérive oblique, détachant son profil perdu. Une dénégation mesurée au sextant sur la carte du ciel boueux.

Elle qui commandait l'effraction, les mutations soudaines ; qui exaltait l'énigme vacante de la feuille vierge où la chute est explicitement signifiée ; son écart illumine un interminable détour.

À son cri, à sa rauque injonction, succède la monotonie insinuante d'un récitatif. La même voix, mais infléchie, mais déployée dans un espace dilaté selon une spirale vipérine.

La paroi querellée d'un poing rageur s'est couchée, immense étendue raboteuse, océan pétrifié. Glissement, stupeur d'une dérive oblique, gauchissement de la parole interloquée... À peine un froissement de l'air, la perversité d'un entrelacs de rides sillonnant la surface du sommeil de tous, nappe étale, immobile, ou ébranlée de remuements si considérables et si lents que leur mesure ne s'inscrit plus dans le diagramme du sang.

Rompre, feindre... Mourir, répéter... Tels, on glisse vers le camp de ses ennemis. Sans attendre, maintenant, le reflux, la volte-face, le dernier mot qui précipite. Car le simulacre est provocation, action future... Franchissement de la chaîne du monstrueux. Il dément la fatalité des cycles régressifs, l'hermétisme déchiré des corps.

Elle, si nous la nommons, à bout de faiblesse, ce n'est plus elle, ni ce tressaillement d'une épaule, la sienne. Trahis son retrait, son lien, l'élan qui la ressaisit, — nous nous vidons de notre sang contradictoire. Avec ou sans la balafre du feu.

Lui, ce n'est plus « moi », ce noyé qui délire… Même innommé. Mais un transfuge, un meurtrier auquel la multitude qui le presse, rend justice, et l'absorbe. Lui, sa place est vide, — la paroi de son inscription éclate, se dissout —, et ce vide écrit encore…

En leur lieu, leur vacance… et précédant la tumultueuse insertion dans le texte, la migration artérielle des signes. Nouveaux venus, sortis de l'angle obscur d'une forge lacunaire, la dispersion les rassemble, comme une gerbe d'étincelles, quand leurs forces ont fusionné dans le feu qui nous détruit.

Premier regard d'un pluriel massif, d'une allégresse abrupte, et déliée. Sur leurs brisées, la terre, de fond en comble retournée, se dresse, monte jusqu'à nos yeux, et souffle sur nos mains.

Canicule oblique, ascèse à rebours : il faut enjamber tout un livre qui dort, catafalque avec ses ruisseaux, ses leviers… Enfin la tête se détache. Avons-nous commencé d'écrire ? Quelqu'un s'éloigne-t-il quand nous écrivons ? Le sol s'est-il affermi, le feu rapproché ? Qu'est-ce qui commence quand je cesse d'écrire, moi, mort, déjà, considérablement ? Qui se tait avec violence, à ce point ?

… Et gronde dans le sous-sol… Qui hurlerait sans le sable qui l'étouffe, et dont les œufs sont enragés. Cela qui se dessine, et s'élève, à peine, sur le trait d'une illisibilité éphémère, et sa place, vide, gardée, dans le texte substitué du soleil. La tête…

se détache lentement. Sur des gonds alourdis par la rouille, grince l'oppression du système. L'air est gluant de poisons, de lueurs excrémentielles. Nous marchons dans la rue, nous coupons les pages d'un livre. On s'habitue à tout, même à la puanteur des moignons qui se décomposent, même à la fadeur du sang éventé.

Tout est venu d'une ancienne, opiniâtre, erreur de langage… Mais le seuil de la lisibilité se déplace. On mesure à présent l'étendue et la portée de la chose répressive. Son atroce extension tentaculaire. L'acidité du brouillard qu'elle insinue par les fissures de notre face tailladée, — et les interstices des lettres. Tout est imprégné. La chambre silencieuse et la table, le verre de vin, le blanc des draps et le papier.

À l'Institution, à ses crimes, l'écriture est liée malgré son exécration, par le double fil lâchement tressé, de sa dépendance et de sa dissidence. Indissociable de la société d'oppression, dont elle est l'otage et l'ornement, elle n'est lisible que dans le rayon de son agonie, dans le souffle anticipé de son explosion, — et comme soulevée par ce souffle...

Même puissance et nature de souffle, pourtant le poème n'est pas l'écriture de la révolution. Travaillé en son fond par les mêmes ferments, il la rejoint, la recoupe, s'en écarte, lui répond. Il incorpore son imminence, exaspère son injonction. Il recueille et réactive sa trace dans sa matérialité déchirée, sa réitération ouverte. Il répercute son éclat alentour.

Et lorsqu'elle est prise à la glu, lorsqu'un horizon tranche les poings levés, et que cesse de voyager, de lèvre en lèvre, la bouchée de pain aigre, le poème ressaisit, et transporte, au-delà de leur compréhension, son excessive lumière échancrée. Il demeure, pendant son reploiement, l'axe du renversement du réel, la puissance de dislocation qui féconde. Et relance...

Poème. Le vent s'aiguise sur le grain de sa pierre. À travers lui, le vent s'accroît. Invisible, intarissable. Et comme se levant, toujours, au-dessus de n'importe quelle poignée de poussière, quels éclats de réalité, il attise le feu de l'intensité de leur différence. Mobilité du poème qui ne cesse d'entrecroiser les fils tendus et d'en déchirer le tissage pour ouvrir le corps à un afflux d'obscurité.

Nous ne reviendrons pas en arrière, nous ne ferons pas le jeu des métaphysiciens. Écailles, lèvres mortes, bijoux, réticences glacées, ce qui est déchu et tombe, tombe encore, incessible ou ornemental, en aiguilles et flocons, avant de joncher d'une couche d'excréments les dalles de la morgue. Du poème, nouveau jailli, que sait-on ? Rien encore, ni comment... Ni ce qu'il déplace, ou étreint. Ni vers quelle cible il est lancé pour ne pas l'atteindre, bifurquer, et une autre ouverture éclairer. Ni que, seul, son rayonnement d'énergie silencieuse le fonde, et le soustrait. Le poème par lequel on n'obtient, justement, de n'être rien — qu'une couleur inconnue qui s'élève, devant un mur imperforé.

Une femme s'éveille dans un champ fraîchement retourné. Corps vivant et corpus écrit, leur étreinte soulève le sol. Provoque le merveilleux glissement de terrain dans la lumière du retour. Linges qui éclatent, têtes qui s'égouttent. Escalade dans le feu, le gouffre arbitraire. La montagne se reboise, le minerai resplendit.

Mais la ligne de partage est acérée, ligne double, esclave et maîtresse, relief et gravure. Seul est nu dans la femme son mouvement, dans l'écriture le silence qui affleure et s'élucide au sommet.

Élargissement sans point d'appui, soufflerie de l'intervalle. Nulle assise sinon le brasier de l'abécédaire des monstres.

Cesser d'écrire n'est pas s'exposer, même serrant dans ses bras un pain de dynamite, ou un enfant blessé. Cesser d'écrire n'est pas disparaître. Et disparaître n'est pas finir.

Le spasme d'un éclair de chaleur illumine le ravin, le refus. Refus échafaudé sur un marécage, un récit d'ancêtres, une carcasse de chien. Refus des taches de soleil et de leur diction oppressive. De l'arbre exfolié de justice, de l'espace quadrillé. Nous marchons sur le devers.

Nous mangeons la terre qui nous mange. Faire un pas n'est pas moins coûteux que mourir. Le dehors est entré par les mille entailles du corps. Terre et nuit emplissent la bouche. Écrire met en péril un autre que soi.

Une pierre roule, puis une autre, parmi les têtes, dans l'éboulement du rempart. Ce n'est pas par la distorsion d'une pratique ancienne que le glissement, la dérive, la migration se poursuivent et s'amplifient... Dans le livre et hors du livre. Où le soleil s'obstine à demeurer la métaphore enjouée du soleil, le spectre éblouissant de sa substitution. Il s'avance au-devant du texte comme sa pierre d'achoppement, de rupture, et la brèche où se rafraîchit le rayon d'une tête absente.

Surcroît de forces que la décapitation sans la mort prodigue à cette horde de migrants. Roc d'un dogme brisé dans la mer, afin de nous détruire ensemble, juchés là, à ce point toujours en recul sur l'excès d'épuisement, — et resurgir encore, de sous la terre sans pensée, la terre qui se dérobe, — en jachères, et fleurs, et aridité, — notre sang pour tain de ce miroir : *écrire*.

Sang

À partir de l'oppression, de la torture

enclume et tenailles, et lit du torrent,
à partir d'un bouillonnement d'acide
sur un seuil de craie

alors sa vie se desserre —
un autre ou lui,
alors il va aux montagnes
de préférence, — grises
et rauques, s'aguerrir
et sa vieille torpeur mettre en pièces

pour être entendu, ou non,
du ravin, ou identifié au torrent —

gorge et genoux saignent
et font corps avec la pente,

et le bleu vif traverse la laine
étreint le souffle

Eau glacée, eau faîtière
sur les reins et le dos ruisselant —
l'inclinaison des tuiles du toit
est exactement calculée
de lignée d'ancêtres

pour qu'à terre, ici, maintenant, quelques-uns
se soulèvent
et disposent l'herbe obscure
à contre-courant

ils se sont approchés des puits
aux margelles rompues, et des sources
écartelées déjà,
et rouges —
ils n'ont pas rendu les armes

Un aveugle vous le dirait
ce haut mur lisse est une partition
de saillies, d'anfractuosités
où l'insoutenable et l'inédit massivement se jettent…
un aveugle vous guiderait

et le râle du violoncelle qui prélude,
jusqu'au nuage blanc
à l'aplomb de l'encrier —

la table ruisselle de sang
le mur transcrit l'exaspération
du bourreau
la dégradation de la douleur

Du soc le courbement, la plongée —
ou son pas, son cheval abattu,
quelques bleuets, la violence
de l'heure par le fer blessée

tandis qu'au fond du labour s'égoutte
le sang supplicié,
l'heure de la mort, bleuet, avec le chaume
qui s'enterre et qui ment, sans hâte, selon
l'exorable courbement du soc

il tire sur la longe du cheval mort,
derrière nous, l'œil pyramidal —

devant nous une épaisse pluie sans défauts
et presque sans images —
de celles qui donnent la fièvre aux corbeaux

Des doigts naïfs soutenaient
sa nuque de gisant au-dessus
de quelle fosse de sang
dont les a durcis l'horreur

au sortir d'une chambre grise —
l'indestructible irréalité

du cri
demain lisible

et son heur, sa chance, malgré le boutoir
et tout ce poison

à force de ratures on finit
par se haïr et se taire —
et lui ressembler, couteau
pour ouvrir la plaie lisible

Après la grille du nuage blanc,
l'eau refermée, le déplacement des signes —

et la science du filtrage

avant la liquidation...

Sur la plaie abrupte
rampe un cyclope carnassier —
il faudrait être sourd

le noyau du souffle résiste
une forêt clairsemée traverse la douleur

le sang s'efforce de gravir
l'appareil de son supplice
et de son humiliation

la tête martelée flotte dans l'air blanc
loin du souffle qui résiste

Un soir de chiendent et de boue
on accuse le ciel voûté —
la lunule hypocrite d'un ongle
est avide d'excréments

comme l'araignée crânienne
est repue de nuit

les belles âmes se terminent
en crocs de boucher
et se vautrent dans la flaque
du sang qui ne sèche pas…

Contre ça, rien, nous, le soleil
et la dynamite du songe, en attendant…

Imaginons
que s'écroule la prison

alors le souffle se dégage
et se perd, se plante en pleine terre
pour resurgir, s'égailler

se livrer au nuage blanc,
franchir son propre désert,
un nulle part matriciel asséchant —

il plonge à travers ses orages
le souffle — à nouveau vivant

Pour la rage obscène des prisons
d'un doigt trempé dans la merde il trace

sur le mur qui se rapproche
le signe de sa raison, la lettre nue
de sa souveraineté captive

fleur ralliée, sauvage, fleur tenue à l'écart
ou bousculée par le front d'un bélier futur —
hors de prise, mais vivace
malgré son parfum que fige

le sang — faut-il continuer
à le serrer dans les pages d'un livre
sans démêler la douleur —
l'ignominie de la douleur qui plisse
notre paupière d'insomnie

L'orage suspendu les envoûte,
ils casseront cette fine faïence,
trop de signes sont disséminés au bord de la coupe —
leur minceur enjouée, leur liquide
étalement, leur prolixité de surface

pour dissiper, trop étincelant, ton nom
accidentel, taillé dans un torrent,
mis en poudre dans les cartouches...

Des signes de l'oppression la chaîne se distend
et se couche, à l'orée qui n'existe pas —

innommée, tu es
venue
faire corps avec la pente
avec l'ombre
et veiller sur les affûts

246

La prison
dans le plan de l'écliptique

il est le seul à s'échapper le sang
sous la porte d'une cellule…

Toi, notre excessive lampe très droite,
tu transpires, tu travailles à l'explosion —
tu plongeras, flamme nue
dans nos entrailles de grisou

L'onglée

7

Lettre   du plus haut du toit

tel le trépan d'une goutte d'eau
innombrable
et la même
                ivre de soi   ivre

de son frappement minuscule

et forant dans la tête des galeries
étourdissantes comme une volière

où les nombres   ont cadenassé ses rivales

un blason nu scelle
la fin
de l'édification enchevêtrée

propos tardif   une émancipation claire

6

Ses largesses

évitant   l'embuscade et les fièvres
mais restreinte en même temps
par la procédure   écrite

au tressaillement de fûts
qui s'affinent dans la lumière

aiguille   sombre
du trébuchet de la terreur d'écrire

s'égratignant au morfil de la faille
bousculant   les braises à l'intérieur des os

elle éclaire ce qu'elle déchire
          ce qu'elle veut que nous déchirions

trame absoute   noir profond

5

Visage   biseau de l'été, violence

hors-temps hors-texte   dispersant
les vestiges   brouillant les effigies attisant
le feu sous chaque masque récusé

visage lié   à la répétition
d'un meurtre

nul comme si l'effraction comme si   le nuage
le dérobaient   disparu   imminent

ou sur le point de changer de corps

tessiture augmentée d'un râle au-delà
de l'écume   rejaillie contre un échafaud de basalte

        et le sel éclate au sommet de la mer
dans l'ignorance de son futur appui   évaporé

4

La répétition d'un meurtre
       l'enrouement d'une absence   d'enjeu
comme une trompe de brume

Liée, elle   à nulle profondeur, ses manœuvres
et la voile étarquée contre ses reins

le langage en recul, le langage en excès sur le friable

escarpement qui la surplombe   elle, liée
ainsi qu'une algue à la lenteur vivace de la houle

il faudrait qu'elle n'eût pas ce sexe   inintelligible

ou l'écart qui nous recommence

ou que passe par la galaxie noyée   de sa fourche
un gémissement   de nasse parmi les courants

3

Haletant, le commerce des vagues   et franchissant
la dune et l'insomnie   la route

route à l'épaulement des blés
        au long regard sans clôture

Puise   dans ce que nous, joints
nous élargissions de terres
sans aigreur
à les parcourir   à les déchirer… Devant nous
le baiser

dans le profond dehors   loin   puise…

comme si la lumière avait ce pouvoir
        l'aurait-elle
et non le chiffre   noir
dont la pierre est entamée

2

Alors il se désagrégerait   en vol
le couple   parvenu au non-sens

le couple réduit à sa plus simple torsion
cheval   sous le brisement des cascades
c'est par la soudaine pureté d'un orbe
qu'il recule

et par l'achoppement d'un seuil   qu'il se reprend
qu'il s'élance

personne   n'entendit ce qui cessait
de naître
        ni le futur ébranché sur ta porte
ni le chemin ouvert   à la serpe dans le soleil

malgré le regain plus dru plus odorant sous un tel

amoncellement de nuages

1

Théoricienne fardée   jusqu'au précipice
étincelle entre la divagante   enclume
et l'obscénité des fragments

nos bras entaillés ne saignent plus
        et les bizarreries de tcs conseillers
ne font qu'un avec la voûte

de moi à toi sans visibilité autre   que la course
de la flamme sur le cordeau explosif

mais la table sur laquelle ton corps   se casse
est de pierre, est immense   est torride
        est battue   par un vent qui ne faiblit pas

à partir d'une impropriété tout devient nourriture
foudre paresseuse autour de tes chevilles

0

Lui, le scribe accroupi   c'est-à-dire
altéré
          il s'évade par des liens
d'herbe coupante d'impatience tressés
Elle   son corps imprononçable
comme une amande qu'on brise
entre deux pierres   disparues

Chapurlat

L'éclat — l'enfance —
des calcaires
après l'orage, l'éclat
d'une récitation de pierres
au sommet des labours…

— quand se dessine, et saigne, et commence
de battre comme altercation, et fugue,
sous les tempes, le réticulaire
espace attisé, —

Recrachant l'air monstrueux, il marche,
il compte : — l'écart approprié,
le débours de son pas détruit…

Évadé de la trame retorse
des poisons et des sangles
il marche, il compte, à voix basse,
les arbres, — les barreaux détruits,
à voix basse, déchirée…

Délivré de sa rixe avec le soleil,
sur des terres actives
simplement, il va
— comme tout surcroît de forces va
à la multitude, au torrent…

Dessous sont des souterrains
étayés depuis des millénaires
par un tel récit, son battement,

et qu'un rire d'enfant secouru écroule,
le mien, crécelle entre les racines
et frémissement de bruyères…

Il marche, il suit les progrès
de la foudre,
dans ses gerces de bourrelier…

Comment se battre nu-pieds
contre ce qui tonne
et tourne
autour des tempes, et bourdonne

sans signification, et scintille
et que l'espace emporte
dans sa fraîche suffocation

Les grands châtaigniers fendus
se reposent, un instant, lumineux,
de leur dramaturgie noueuse,
des prouesses déchiquetées de leurs feuilles,

ancrés sur l'abrupt, enracinés,
eux, dans la tempête de l'aride…

Il monte —
et pour finir de le détruire, le calme
musicalement érigé

sans lequel serait le sens, — répercuté
contre le rocher, ou nul,
ou le cri,
sa tête éparpillée sous la hache,
le retour des remous de l'air

Du chaotique point de l'aube,
ensemble nous cessons
de glisser
            — et le ciel se découvre…
et craquent les coutures du temps
dans les branches de châtaignier…

Qu'il aille, — qu'il casse le soleil
pour empierrer les chemins
de sa tête, — et redresser la grille,
le solaire
écartèlement
de sa marâtre, morte

mais le soleil a bifurqué,
mais la calculatrice est sourde,
l'enfance morte…

Aux orgues de basalte du second ravin
le souffle manque…
                              il est rendu, lui,
aux genêts, par les éclairs,
à la charogne maternelle, par le labyrinthe
brusquement simplifié,
avant de tomber, de fouir
un terrier sanglant, excrémentiel,
jusqu'à ta nudité dissolvante,
aigre soleil,
second mourir,
vérité de sable et de vent…

Courbe prise au lacet comme une simple colline
chaque pensée le contourne, ici,
ou s'allonge devant son pas, pur
nombre inscrit dans le regard, abîme
à sa hauteur, élevé,
où toute construction, musicalement,
se désagrège…

                    Quel rire
protégera l'extrême voyageur
contre l'ombre sienne, séduite, épouvantée
par une tache de soleil ?

Il s'écarte, et revient, vers elle, abîme,
femme ligneuse d'une terre âpre, plaie
débridée à sa naissance, plaie sans bords,
gisement où se tord l'écheveau
de l'écriture du soleil
                    — et son halètement,
une lime dans le thorax…

De sa propre parole monstrueusement retournée

ils l'ont empalé sur la grille, — et la norme,
la puanteur de la norme
a fait le reste

Calme le vent, calme-toi,
ils pourraient investir à nouveau ce cercle de pierres
et de douleurs, dressé à plusieurs voix
dans le désordre grandissant

quand le calme
terrible
oscille
et que vibre le fléau
de sa balance
sur l'inscription charnelle de ton couteau

De la puissante poussée répétitive
des mots soustraits à la mort
nue — jusqu'à la pupille éclatée d'un seul,

le trait, sept fois, le corps, battu, traversé
s'inscrit selon tel rayon de spirale

avec de la terre sur le vide, et du sang
contre le mur

Le lacet

Il restera sans maître d'œuvre

le double récit que tresse
le nouvel amour

mainte lacune
ou fondrière
ensemencée

par une rauque translation de sens

s'ouvre
sa faille limpide

et l'extrême bord à contrecœur fend
la lèvre qui le module

comme un trait de l'air, acéré

Dans la boule du scarabée il voyage

fou, vert, subrepticement
assailli
comme si l'herbe
et les nombres

armaient le muscle effleuré,
sa langue au bout d'une pique
trouvant

excavation, et même
oreille féminine

et sur le papier, le mur
de refend, toute fin s'illumine,
le détour, l'injonction
maîtresse

imminence différée
comme froissement de corbeille

Trahison de la ligne qui s'épaissit
au lieu de
fondre sur sa lèvre
serons-nous seuls une seule nuit

sous un couvercle tangible
au lieu de cet énorme mouvement, houle

et nuit, semence et
rumeur

l'impénétrable flexion de sa nuit, la donne
du tricheur, l'aile de la chevêche
et par sa gorge tranchée
le chiendent

pour quelques notes rongées de soleil
vers la pierre d'angle
de l'air

où l'intense écriture s'aiguise,
scrupuleuse, haïssant l'échec,
contre un futur à la saveur contractée

Ravine lente à se combler, flamme
du rebut, de la tourbe étirée,
ton empreinte dans la grave…

mort d'homme, lente, et puis
rien
qui ne nous atteigne et sillonne

de ce que le dehors
et la chaleur
ou le boustrophédon d'un soc
par les alluvions du delta

retournant la nuit de l'arrière-visage

rien qui ne jouisse
de la traversée d'un corps

rien que tu n'aies marqué, disjoint,
cette chose
— ou ce roulement,

te voici nue, et rien,
dehors, mais non,
tu plies, prise

à ce lacet qui brûle, simplement…

Corps décapité d'un seul

l'humus, l'ondée, les feuilles,
l'éclaircie,
d'autres sentes, la forêt,
des feuilles obscures jetées
contre une épaule,
                    la lumière…

Qu'il se dresse, un corps sans limites,
même le sien, sa déchirure
ravaudée,
l'air siffle
entre ses genoux,
l'écart faiblit, le souffle
tant qu'il traversera ma main…

quelques mots désaccordés
pour mourir

Tombée du ciel ou peut-être
dégagée d'un monticule de gravats,

une roue de charrette, là, bleue,
contre la porte,
plus bleue d'être
décolorée, perdue

entre l'écriture et la vie…

une corde à linge se tend, sibylline,
et résonne

et lui
devant son corps et le ciel,

sa soudaine cécité
criant
sans que se détache un seul
futur rognon de silex…

elle se retourne en dormant,
parfois se blesse

quelques feuilles sauvages
infusent dans la bouilloire

Dans la nuit ravinée reconstruire
sa danse,
            le geste de la forêt
à la brisure du récit, l'abandon
de la vague
                à son comble décimée
quand plonge
l'oiseau de mer, le vérificateur
des marées

            il plonge

dans ce qui s'écrit, sans elle, par un saccage
sans mesure, et le feu
dont elle est l'enfance

dans le schiste et le roncier,
la bataille, le récit, un champ frappé
de déshérence

rien qui ne nous sépare mieux
et brûle plus clair
                il plonge, j'écris,

elle efface à grande eau matinale
le savoir qu'une nuit ravinée
avait imprimé sur ses reins

étant ici venue pour trahir
n'étant qu'une lame d'air
dans l'air
affilée

Trait pour trait

L'exception   qu'ici
en ce non-lieu   j'aime
                     — ou le lieu d'une dérive

        d'un désastre méticuleux

selon des nourritures de surface

        favorise l'affilé de tout tranchant
        contre soi

            travail du souffle
            par les linéaments et la trame

que je dresse   que je troue
mortellement

        puisqu'à ce prix, rançon
d'une résistance imprenable

                la lumière

Études déroutées
au point de surgissement

signalé de très loin
à la lecture
d'emprunts sans fond

frontière absorbée, parodie

le point
qui n'est pas
le trait

le sol qui n'est pas l'illusion

mais le trait
— à rebours

assume, redresse
un vocal effondrement

on discerne à travers le rire…

— pourvu qu'il aille, lui
                    à la dérive avec sa jetée —

par les nœuds, les caillots de la langue
commune, suffocante

                    notre grande clarté du dehors

S'il fallait un décrochement

                    la même exception, heurtée

pour voir un pied nu

           tenir la lettre

        insaisissable

     à force de miser sur la couleur

noire,
    l'alpha du Cygne

             de spéculer sur la terreur

les bêtes puissantes dans l'obscurité

        n'ayant jamais osé penser le dehors

à retard il fallait surprendre

un tel vide   un lâcher d'oiseaux

        le couvert dressé devant l'immense

vide de l'œil

malgré la paupière tirée

                                                       souillée de signes

    l'esclaffement d'une aile
    coupant

les fils enchevêtrés de sa fuyante

                                      relation

L'erratique le profond

à contre-pente où se croisent
rien que souches
                    et volets
                    le règne différé de la surface

                    une cervelle de reptile
ne l'eût pas évincé de
ses calculs   de mon souffle

                              écrire, ne pas écrire

alternative inconséquente   — le poison
ne transporte
                que des débardeurs étanches

                                    cœur littéral

                    boue solaire

        de l'écriture du corps

entaillé, fuse

                              le dehors
                l'énergie dispersante du dehors
à la trace volatile

               le réel étant le désir, même

La contre-confidence

      l'appareillage   insatisfait, indestructible
des pierres de la jetée dressées
                  avec la nuit

contre la nuit, contre ses trafiquants mythiques

désormais le pour du contre

crachat de pieuvre, éclaboussures
de la loi
      je hais   ce simulacre de mutilation

      coupe, rejet
      d'une haute généalogie qui s'abat
                      hors de prise
                      forclose
            le neutre
n'étant pas ouvert, ni étale
             contente-toi
                   d'en jouir

— de toutes jouissances, une extrême, et grise
      laquelle, flamme

extorquée par ruses et poussière

                               ou rectrice

détachée d'une aile

              nulle image à contre-jour

Le corps

cache-t-il ce qu'il cache

— ou le feu ?

Crise de l'espacement
dispersion, passage   — théorie
d'un corps   expatrié bouleversé transparent

afin qu'il, par degrés   regagne
                    la verticale
            du point   dehors exclu

non sans gaucherie
odorante

                    humidité d'argile   allégresse

le point dehors exclu
ou dégagé de sa fuyante
relation

            Rien n'est partagé
                        ni à ta mesure

mesquine

qui force le mot détruit
le toit

        Était-ce agression de l'autre

                    duplicité

du mourir
      contre quoi le corps se dresse, imagine
— ou le feu…

En un saccage
                    d'absolu et de brindilles

le corps, lui
et la souche inverse et sombre
                         du multiple, du vacant

le corps explorant le corps
                         son identité dissoute

            dans l'insensibilité, le fourneau

chaque geste, ici, futur
                         amputé du poignet lyrique
mesure
            le degré
d'insurrection

                         et c'est la lune de septembre
                         cette jatte de poison…

mais il brille

        le fruit mitoyen
                il tourne
sur son axe indifférent
        il se transforme trait pour trait

— et bourrasque pour d'autres branches
                          pelletée de terre
                          ressassée

        quand le fût s'incline
et qu'un trait de scie…

Un récit

JE — dont la configuration se déplace et disparaît, au-dessus de nous, — ultime ou fumée…

je, trahi, chassé, reconduit à la frontière, absorbé par le récit, ou dissous dans son espace…

il se penche une dernière fois sur les feuilles jaunies, flétries, d'un cahier d'écolier, d'une liasse de préhistoire,

il surcharge des notes crayonnées, biffées, presque effacées… inexplicablement soustraites à la flambée des matins…

illisible mais déchiffrable graphie où s'accrochent des parcelles de gomme — comme aux buissons la laine des brebis —,

et qu'éclaire parfois la dentelle fiévreuse d'une feuille arrachée, là où la trahison avait paru insupportable écriture balbutiante, éparpillée, interrompue, dont les jambages plient devant un accident minuscule, une pierre disjointe, un remous de l'eau du torrent

il répond ou récrit comme on transplante dans un sol ancien,

dans une terre fumée et allégée par les travaux d'un autre, — ancêtre enfant qui ne serait tombé tant de fois que pour lui épargner la rudesse, la virginité du support, l'ingratitude de l'apprentissage
                    — les affres et l'atonie de leur enfance de cailloux

il écrit, au milieu du courant, le brouillon de ce qui aurait dû s'écrire innocemment, et qu'en le récrivant il détruit, — il détruit sans l'effacer... un récit ?

on entend les étoiles grandir, et l'espace glisser, on entend le bâton ferré d'un voyageur qui s'éloigne,
                                        — et
le cri des corneilles alentour imitant le chant éraillé d'une plume sur de lourds feuillets de schiste...

Un métier poursuit à l'écart son ouvrage inconsistant... Dans l'obstination de la chaîne et de la trame, une silhouette enfantine apparaît, s'efface, resurgit...

parmi tous les visages qui m'obsèdent, pourquoi le sien ? Et lequel ? Ou le même, lisse, inconnu...

dont la violence et la clôture, dont le vague éclairant l'angoisse, refusent la nouvelle glaciation

pourquoi le rejet, le choc en retour, — avec la prison claire de la toile qui le suscite et le retient captif...

un métier, à l'écart, comme s'il était interdit de lire, excepté en avant de l'écriture même, à travers la divination de la soie qui se tisse,

— ou de lèvres qui se tairaient, objecteraient, saigneraient en silence,

effaceraient sans les détruire une succession de lieux-dits, de chimères, de supplices, de fils noués à des épaules trop légères... un récit ?

Une inconnue... Je l'ai surprise, elle essuyait du doigt la poussière qui adoucissait la tranche d'un livre, sur le plus bas rayon —

un livre rarement compulsé, auquel pourtant je suis attaché par un lien essentiel, et tenu à distance comme par un interdit, l'avertissement d'un péril —

la foudre suspendue entre ses lignes, et qui me frapperait de cécité — ou dessécherait le cœur d'un autre —, si j'en poursuivais la lecture

un livre prédateur, dont la proximité me hante et me repousse, en entretenant une exaltation trouble, dévastatrice…

sur le rayon du bas, dépassant de l'alignement des volumes, exposé plus qu'aucun autre à la lumière, à la poussière, au caprice de la main qui glane —

et pourtant frappé d'hébétude, de refus hagard, depuis tel meurtre ancien, sauvage, silencieux, qui se perpètre toujours entre ses feuilles

— et renouvelle la nuit de sa naissance…

un livre illisible par intensité — et qui ne cesse de m'interpeller, de me souffler une peur primitive —

comme si poussière vénéneuse et sang caillé avaient envahi ses marges, débordé ses fossés, ses talus brûlés, la pâleur de sa prisonnière derrière le masque ou le fard…

… traces brunes, traînées de marne rouge, caractères dansant la gigue sous la potence d'un pendu qui n'existe pas — si ce n'est notre oscillation de lecteur un volume incliné, sur le rayon le plus bas, près d'un angle du mur,

        — vers lequel les doigts d'une inconnue s'allongent, biaisent, dominent leur tremblement, pour lui dérober, à cette heure tardive, un peu de l'énigmatique poussière…

… à l'écart, son ouvrage —

        tandis que le dehors dicte, que le dedans crispé se dérobe, s'ouvre, fuse —

        s'écrase comme un fruit sur le mur d'en face, avec le soleil…

ni le récit, car il me chasse, ni le survol d'un territoire démembré… pourtant la chaleur de son éloignement attire et mêle, ici, déjà, sur le métier —

        toutes les lignes qu'il convoite, les brumes —

        les couleurs, la compacité d'une terre soulevée…

car il me chasse, en retour de soins écarlates, et d'un sacrifice burlesque —

        l'aveugle aveuglante paroi se fend, m'introduit dans la place, nuage et gibier, pour la réitération du non-vu, du non-vécu, du non-frayé…

miroir-abîme d'une narration déjouée, miroir du simulacre, abîme du scrupule...

Je ne songe, écrivant — depuis le premier souffle, écrivant —
qu'à ce pouvoir d'allégement, d'ubiquité, de dédoublement, de survol, que m'apporterait le récit —
sa semence jetée au gouffre même, son corps morcelé, ses têtes tranchées, innombrables, radieuses

comme il convient à cette espèce de rapaces migrateurs, qui ne sont rien —
que le cri, que le calme —
de leur propre dispersion dans l'espace

de leur distribution alternative dans un espace transgressé, ou l'ample trajectoire, encore, de leur configuration accomplie...

Je touche une lisière vive —
sans recourir aux marges,
— piétinées, rapiécées — ni même à cette embarcation

de fortune dont j'ai tenté, sur un autre clavier, de jalonner la dérive, le naufrage, — le bonheur même

les rayons divergent; l'écriture casse, se morcelle… trop d'images, à distance, et de figures, qu'il faut détruire avant qu'elles n'aient envahi l'espace —

                          altéré le corps…

comme un navire, au large, arraisonné, après le coup de semonce — et le tir réel —

                   il coule, je sombre avec lui… la représentation est terminée, n'a pas eu lieu, se termine sans fin…

j'inscris le redoublement de la trace à travers le temps — la trace de l'échec du double récit… dans ma hâte je confonds le vol de l'épervier avec la machinerie d'une catapulte —

            lourde, monstrueusement crédule, dont l'exorbitante poussée vers les angles — et le feu

                               n'absorbe pas cet arôme naissant, entêtant, — n'arrête pas cet autre feu rieur, fragile, qui court, par le travers, sur ses brisées…

après tant de revers et de massacres, et jusqu'au soleil, ses projectiles ont écrasé, ont exclu, du moins, de cette page, et de toutes —

le sujet oppressif, dérisoire,
dont je porte la défroque emblématique

et le voici pendu à la poulie de l'initiale de son nom, à
l'exténuation de sa parole, — seule...
et l'enfant
qu'il n'a jamais été contemple enfin l'insignifiance et
l'impuissance de ce très maigre oiseau de proie, de cet
usurpateur
qu'on lui a désigné pour père, — et commis pour
meurtrier...

pas même un rapace fourbu —
mais le ver dans la
phrase et la plaie, mais l'insecte épinglé dans son album
de vacances, ivre, paralysé, après la plongée dans le flacon de formol...

cet homme, quelque part, — soulevé de terre, détaché
du souffle —
cet être exsangue et désarticulé, dont je
guide la descente oblique dans les plis d'un langage
gluant et maculé de sperme, de sang, d'excréments, —
à peine a-t-il souffert,
à peine a-t-il su qu'il aurait pu vivre...

est-il mort, souffre-t-il?
— soupçonne-t-il, dans sa
migration, son détournement infini, ce que l'écriture
endure à sa place, —

ce qu'elle endure, en nulle place, d'irréparable, jusque dans le soleil — et que tout ce qui la détruit la fait vivre —

en érection, en insurrection, offerte, déchirée — et desserre nos dents comme une envie de mordre ou de vomir...

Logique du récit, d'où s'élève une obscurité pendulaire, malgré la scansion explosée, malgré le silence — je tente de creuser une étroite galerie hagarde vers toi —

même sous l'épaisseur de terre et de rocs, la sédimentation d'écrits avortés qui font barrage, qui pèsent sur le souffle, démantèlent un corps, menacent de l'ensevelir

les figures du récit ne s'élèvent à la lisibilité qu'à la faveur, et dans la lumière, du désastre. Il leur faut nous briser — je résiste —

briser le réseau de nos peurs entrecroisées, monter de notre rire, de notre mort —

jaillir de nos cadavres accouplés —

tel un funambule enfant au-dessus d'un brasier froid, — qu'il rallume en se perdant...

Éclairé par la fièvre, tout un devenir effrité s'écoule de ses doigts, le recouvre, l'ensable —

                                        prisonnier de l'ouvert, maître de verrous absents, il va, revient, se détourne

métamorphosé par secousses, rétractations, dans l'entre-deux, l'implicite, le dos à dos avec la folie dont la force l'égare et dont le parfum le protège...

d'où vient que tant de violence et d'enjouement s'éparpille, s'exténue ?

rejetant toutes choses et le dehors, presque, — ce presque étant son étoile en abîme, pour le détourner de nos traces, l'ancrer à son seul mouvement, l'orienter —
      selon son désir même
il traverse l'étendue, les yeux fermés, rejetant le dehors à chaque expiration, brûlant les souches et la pierre, jusqu'à telle ligne, à l'intérieur — inerte, tendue comme un axiome —

ligne de fuite et de ralliement, qui commence sans nous le récit de sa perdition...

par le scintillement de la surface, l'écart excédant l'écart,

la page est criblée, est ouverte — et la trace double effacée, jusqu'à son prolongement dans la main...

Ne demeurent vivantes, opérantes, à sa suite, que des mesures d'espace, que des points de triangulation et d'étranglement dans l'étendue qu'il traverse :

arbres, rochers, groupes de mots compacts, lignes à haute tension, signaux, bergeries —

guides aveugles, repères qu'on ne questionne pas — sinon pour révéler l'antériorité de la trace, un arrière chuchotement, une enclave intraduisible

quelque chose advient, hors du temps, subordonné à sa seule annulation spacieuse —

et qui se définit, s'éclaire, dans le mouvement ininterrompu de la trame et de la chaîne, et qui s'en vient, s'en va, se rapproche, nous blesse, ne nous atteint pas,

— ayant toujours été là, en excès, et par défaut, selon l'intensité de notre écoute, de notre peur —

quelque chose qui joue sur la fatigue et l'impréparation, sur le sommeil, le vertige et le saisissement —

forteresse à prendre d'assaut, dans l'élan —

avec la nécessité harassante de desceller, une à une, chaque pierre du rempart, d'illuminer, une à une, et toutes, ensemble, chaque parcelle de ton corps

Car je travaille sur un corps — un corps dont je dois être à la fois le père, et le parricide

un corps dans le mien que je sens tressaillir, se ramasser, s'apprêter à bondir —

se jeter DEHORS

mais il occupe toutes les chambres secrètes de mon corps, les passages dérobés, les cheminées profondes — il circule dans les plis, les siphons et les gouffres de mon corps, il inonde le faisceau des fibres, il secoue l'air du dedans et pour nous deux, ensemble, le travail continue, sans avoir commencé — le travail,

ou l'attente, l'affût… l'abrutissement de la gestation, le désœuvrement essentiel, sa gradation irrésistible —

et la danse effrontée, immobile, accouplant le vivant qu'il sera, et le mort — ou cette chose morte — que je suis, écrivant aux morts

car nous travaillons sur un corps — oubliez-le : avec de grossiers couteaux —

l'intensité d'un corps déchu, défiguré, transporté, inouï —

qui oppose le barrage de sa propre langue et de sa mutité, ses murs de flammes, sa différence monstrueuse — le fonctionnement de ses organes et leur sauvagerie, leur opacité, leur production de sens erratique, — la traîtrise de leur écart —

et leur jonction à d'autres chaînes, invisibles, insaisissables…

Souffles confondus, corps distants, nous joindre, nous amarrer sans fin — nous enchanter :

car j'écris pour le séduire, et le corrompre — autant que pour le mettre au monde, — et le détruire…

que faire de sa langue, mêlée, déjà, à la mienne, effrayante, inconnue, — seule vivante encore —

sinon la
brancher sur d'anciennes histoires, l'enraciner à des
mottes de terre calcinées et prêtes à reverdir, la conduire
aux monstruosités, à des bribes de fictions remémo-
rées,
— pour la replonger dans la gorge, l'asservir à la
même jouissance angulaire,
et resserrer le nœud jusqu'à
l'étranglement

J'attendais tout de la violence de l'oubli
— l'articula-
tion du récit, le pas suivant, — et de son jeu de trames
et de chaînes, j'attendais, ici, par calcul, fourberie ou
désir, que s'ouvre dans le réel un espace irréductible,
une jouissance équilibrée, plus haute que la pleine mer,
dont l'irruption, la fraîcheur...

l'énergie que je peux capter, produire, jaillit, au
contraire, de la fragmentation, de la teneur de rapports
fragmentaires, — d'un déplacement presque immobile
d'éclats —
implosion invisible de ce gisement vague et
insensé, le ciel, inséminé par tous les pores de la surface, injecté jusqu'aux artères les plus arriérées du sous-
sol

mais en face — blessure, nuit — de cet œil, de ce ciel, contre toute entreprise d'édification et de vertige, décharge d'érudition non soufferte, accumulation

qui recouvre, et soustrait la prise vivante à son propre incendie,

le sperme de l'écrit-soleil

s'insurge et meurt, ses épis décortiqués volant en poussière, s'enlevant avec le souffle,

pluriel splendide et affamé qui se dépouille de nos marques et de nos limites, comme un serpent de sa peau

avec le souffle qui se rapproche et s'enhardit, sauvage, familier…

le souffle insoutenable, mêlé au mien, ou simplement inconnu, ou simplement imperceptible, et qui m'emporte et nous dissout, ensemble, unis, comme une autre monstruosité de l'air

Précédant le feu du récit, sa transparence, l'obstruction miroitante qu'elle oppose à ma rapidité, à mon impatience mortelle,

— et sur sa trace absolument détruite :

311

ce qui est là, depuis toujours, accroché aux ronces, tiré sur l'abrupt, une ombre irréparable, un corps avant de naître, l'absence de limites du récit

— un feu de branches vertes, la fumée d'un corps qui se défait, s'écrivant, — hors de notre amour inhumain…

Une épaule engagée dans le froid d'une autre nuit, tu es peut-être, déjà, hors d'atteinte

— même si la foudre a noirci tes poignets, même si je trace avec cette encre et ce feu les noms trop lourds et les nombres trop rêches que tu abandonnes en fuyant…

Ce serait ta fin, ce récit, ce soupçon,

— après un millénaire, déjà, d'errance dans l'air musical, brusquement — un jet de sang icarien

Il n'y a pas de fin, tout peut reprendre, s'écrire, s'enchaîner : le cri, le calme, le dehors…

Ou meurtres

L'éternité comme thème
de jeu enfantin
mais le bras est plus lourd que l'ombre
et mieux irrigué
dans le désastre

À la mer c'est un arrachement
puis le décompte
des mots coupables
la famine ainsi créditée

Foudre masquée
physicienne devenue folle
par exécration du masque
de l'écrit
excrémentiel

Une goutte de ton sang
des senteurs
de préhistoire

Hermès incestueux, bouche
blessée
bras amers

Meurtre non savoir
un effet de surface
et de soufre

Extraire le corps
de sa gangue de terre
brûlée, de terre
écrite

Meurtre mouvement
dans notre sommeil il suffit
qu'un simple
fût d'herbe
glisse

Un tonnerre de verrous
répercuté
jusqu'à la mer

Plein silence
des mots
excentrique vol exclamatoire
pour un détournement violent de ton corps
sa raison révolutionnaire

Meurtre solsticiel
une intense gradation de fleurs
illisible
avant et après

La feuille déchirée pour lumière
sur le sol consolidé
nous marchons

L'aube et l'immobilité
comme du lait sur la pierre
savoir suppôt
d'un grand texte assombrissant

Célibataire ou marié
à la folle des poussières
je hais le blanc dont tu sors
et le noir où tu danses et viens

Poncer la pierre nue de ma tombe
jusqu'à ouvrir ton miroir
tout livre qui se referme
tombe
dans le gouffre auquel
surseoir

Sans la mer
la sentence lacérée la semence
voyage
restitutoire en sous-œuvre

Une encoche
dans le buis
seule
signe

Pour cassure de fond

chaque infime tassement de vertèbres
t'illumine

ni affres ni pullulement ta pensée

une macération de signes
dans l'oubli   la chaux

puisqu'en la respirant
je t'opprime

comme en amour on quitte
une illusion

de territoire

l'intégrité d'un arôme
ingénu

et mutilant

soustraite
       à la difformité du cadastre

herbe de parole fraîchement risquée

allant
comme rigole d'eau souilleuse

au torrent

main-d'œuvre qui se décolore
et s'use
contre

la pierre si lente de la foudre

l'air embaumé d'aspic

ailleurs   ici   presque   sans
soleil

de cette énigme tabulaire
la surface
éprise et lavée

quel que soit le bord   la ligne d'horizon
flexible intraitable

la frontière d'un corps et d'un ciel

ailleurs   ici   presque sans l'écrire

nue   à la limite   presque du
soleil

        je suivrai ce fil à condition
qu'il casse

qu'il éclaire le nom détruit

le grain de sa nudité
nous harcèle

sans autre loi que l'écume
d'une fraction,   l'ébarbure
du couteau

ayant pris corps
dans un remous de vinaigre

quand bien même elle fondrait
sur nous, harde
de sangliers,   amour,   éboulement

de roches lourdes,
devenir,   monstruosité

et son grognement frivole

un cri jaune
de nouveau-né

querelles lascives   sonores   du je
lyrique avec son geste
pour mémoire — ou dispersion
d'éclats,   nébuleuse

dans l'accroissement du ciel mort

quittant jeune chemin lépreux
pour cassure de fond

sinon que la surface se laisse
toute meurtrir   effacer   se liant
musicale à la voix rauque
au labyrinthe écrit

dont il cherche le seuil non l'issue

il se hâte de jouir
contre le jarret de la mort

un aveugle et la ligne de mire

reflux de la lampe,   jubilé
de ton corps torrent

nous n'avons rien trouvé,   vécu,   à découvert
à la pointe de la lettre

que l'émanation,   la dérive

et ce qui tremble, et sourd du désespoir
battement de pierre dans leur
poitrine

poussière

pour l'immensité

entre la dissimulation grandiose
que la machine extrait   du corps   et recrache

et l'indifférence   la pénétration
du couteau

à l'emboîtement
de deux extrêmes fatigues
un envol de frelons, — ou tel
cruel profil de père

qu'aux heures de basses-eaux nous engendrons
comme pour le presser de mordre

qui la casse   — quand je contourne l'ombre
d'une coque   — ou telle interdiction de mots
qu'il serait aisé de franchir,
                              qui casse, ou
comble,   l'ombre,   la coque ou
l'interdiction dont je joue

et la résorbe justement dans le mot
interdit
          largesses
rétention
          cordée de signes   — relais intacts

on massacre sur toute la peau
surface profonde imprenable
dont les bords s'esclaffent,   et le pilier
croule
          largesses
rétention
écriture expatriée de son cachot
sgraffite sur un ventre vierge

et les grappes
sont plus lourdes que ta soif

dont je suis la vrille
vaine, — écrivant

des sons éruptifs s'imaginent qu'ils sont
le poème
            mais le silence
et le non-sens conjugués
les assaillent, les absorbent… le désir

trace une ligne souveraine,   lève
immaturément ce qu'il est interdit d'écrire

plus abrupte la vigne,   plus clair
le feu de sarments

d'obscurs rouages cannibales en chacun
la lenteur
            une écriture
de translation   d'engouffrement
d'abord

et ton rire
ton ingouvernable pluriel à rebours

qui s'abouche à l'interdit,
dans l'herbe, par excès de sens

teneur de pierre,   ma rétractation

seule tendresse lacunaire
se voir noir
dans ta pupille

avec le gravier   la guerre

toute une nuit l'intonation

cassée

d'une forcerie de langue
sa couleur
perdue
pour se dédire
                    vaciller…
elle laisse

à l'extrémité de la nuit

une rosée
si fine
que son balancier traverse

un corps
            l'accompagne
foudroyé

moi le feu   moi la pauvreté ordinaire

dégagé de tes bras de ta peur par cent fenêtres
dévastées
        moi les bêtes qui te gardent

dès lors le poison se tait

sans lequel
on ne voit goutte, sans lequel
je ne puis
rien commencer ni détruire

ton visage et le mien
depuis toujours face à face

cependant nous nous étreignons
comme des enfants sans fin

Malevitch

Fatal   /   comme en un glissement pur violent   /
premier visage   diagone

   percer ce rempart   et jaillir   /   que le rouge et
le blanc s'affrontent   /   et s'annulent
                              que le noir coupe
le blanc   /   et que le blanc revienne du bord   /   ou
de l'absence de limites   /   compact signifiant
                              que les
couleurs écrasées s'éteignent se retirent   /   nous han-
tent désormais comme exclues de l'œil
                              infaillible
                                   tirent
et recoupent   /   l'énergie dont il tremble lui de renaître   /   de se voir   /   encore   /   le plus puissant
peseur de traces parmi l'abstraction de mon corps

une immense énergie unitaire   dressée   trans-
portée accusant notre   /   gravitation éparse arbitraire
/   qui ne tire du sol et du ciel   /   que l'ombre du ciel
et du sol   /   des astres de la terre   /   que la saveur
dissidente de sa propre dispersion   /   corps démembré
réconcilié vacant

    offert comme une brèche dans la né-
gation du mur oscillant   /   au soleil   /   comme un
fruit   /   la chair mémorable d'un fruit dans l'air
nu

ou dans l'air qu'il dénude lui   /   par l'inscription-
rupture d'une géométrie fulgurante   /   l'élargisse-
ment-suffocation de la vitesse   /   et de la nuit...

toiles décentrées reconquises   /   lire l'espace naissant vivre de la couleur surgie qui annule   /   et la
salve de traits   /   les représentations malgré elles   /
et la figure   /   de la représentation même

        la couleur
surgie qui se fortifie de se détruire

      je viens d'en vivre
l'accès   /   sans parcourir concrètement une surface
par un tel flux d'intensité irradiée   /   qu'un tel silence
/   autre et du   /   fasse jouir   à l'infini de sa trame
violence ouverte

le carré qui se dissocie   /   du tableau   /   pour nous rattacher à la terre dans l'éclatement   de la galaxie qu'il absout

son autorité reployée   /   vacante   /   d'un rebours absolu l'écriture se dépouille

de tous les oripeaux vécus trempés   transfigurés   /   abordés comme figures de la durée réparatrice

soldée pour le ralliement de quelque   /   soleil

et l'écriture encore   selon le brusque   /   éclairement   /   des   angles   les tracés obliques   les récits tronqués   les scissions d'espace   /   la numération du fatal exclu

s'ingénie à rompre   s'introduit en lui succombe à son incessant flux   /   de météores

toute surface frappée selon l'angle dont il s'est épris enfante   en tel instant   /   ou telle conjonction d'astres déroutés

un   intervalle   de   blocs   disjoints   / appareillés   /   les yeux ouverts   /   par sa balistique innocente

à la vitesse oblique d'un rayonnement qu'accélère   amplifie   /   le noir hanté de son sommeil   /   le blanc de l'espace enfin   /   habilité incidence polyvoque   puisqu'également je la nie / ou l'ignore ou la tire / de l'échiquier pour en respirer la projection / contre un versant de fleurs

ou qu'elle accentue enfin le noir oscillant / la trêve / une enfance déchiquetée incomparable dont s'ouvre la transparence au futur

ni lui le scripteur qu'une seule secousse introduit / ni lui / le même / indifférent / perdu dans quelque buisson de valences et d'odeurs

n'en-chaînèrent un autre à ce prélude d'ossements / rébarbatif / devant le splendide carreau ruisselant de la fenêtre Malevitch

un exercice démesuré du voir et du surplomb comme à travers la faille / d'une trépanation

morcellement du cercle seul dilemme d'ingénus vec-teurs allégés de nos larmes / et réticences / ils constellent et sillonnent l'aigre chemin futur

que notre déflagration rémunère

la croix pervertie / son rire / la sauvage et
quadruple trace de la mort déjà couchée

— quand
l'énergie potence en effigie renonce / ou presque le
sourire de celle qui / ou d'un air troublé / d'une
multitude d'accords

l'angle très ouvert des cuisses étant / recoupé
par la constellation / le déferlement de figures dans
le delta / actives blanches   dans le neutre blanc

ainsi je suis dehors   les obliques / interrompues
/ traversent la double   masse verticale de la potence
érigée sur mon poing / faucon / fatal

à la rencontre de trois murs inexpliqués par le
déplacement de l'épure / ivre / dont le cours tor-
rentiel   la criblante certitude / favorise le suspens
la suspicion angulaire / d'astres / et leur redoublement au sommet

Comme   le   geste   d'occuper   tout   l'espace   ici
ferait sortir / du blanc / quelque araignée /
ou scrupule / son besoin d'activité ou génie accom-
plit le bond que résorbe / croise / et nie / la
saignée du coude

n'ayant plus d'enfant à te sacrifier   angle éternel
inconstant   /   ouverture   /   ni de couleur à marty-
riser

    contre la taie de l'œil bleu blanc   /   de l'aveugle
que je deviens   /   calme   /   comme par une seconde
naissance ignée

              j'aurai décidé de voir

    l'invariant   l'anti-genèse   Malevitch

                                    racine
d'un feu sans fumée   /   le temps épars   /   concassé
et rejoint   /   afin que la terre le toit les fleurs   /
dont l'écriture endosserait la rancune et les guenilles

                                     mais
contre la toile et le ciel   /   crie l'ordre insensé Malevitch

    du désastre accompli dont je provoque   /   défi-
gure ou trame

    l'obliquité du sang   /   soudain jeté haut   /   trait
rompu et repris   /   qui clame   /   silencieusement
/   son accord

quel autre   parallèlement à la même dérive
ou réflexion sévère / glisserait   s'effondrerait
entre   les ais de la mort volontaire / ouvrant le
nombre / calcinant

        cet unique bloc de regards
de gouffre   et de vent

        ironiquement lapidaire par
intensité   différence / et répercutant son refus

  chaque glacier comparaissant devant l'eau serrée de
l'une / ou l'autre source

  dans la chambre de toile   et nul autre / lieu
/ autre aux trois cris carrés inégaux qui se coupent
        et
couleurs embrasées   enhardies

  d'un bord à l'autre / sans la limite / qu'un
regard inventerait   ou quelque effluve de putréfac-
tion / autre car nous sommes vivants / ou agités
de mort récente deux engendrant trois carrés /
furieux / de la seule poussée d'un plafond blanc /
tôt levé / héroïque   il assume

  le gouffre
        et hors de la toile   ou du malheur
l'évasion / ou la dérive cohérente / seule
        à la poigne de guerriers   aux idées lan-
cées   croisées
        de joueurs   le départ / le conflit encore

qui se projette blanc et noir   /   ou inversement blanc
sur blanc   /   hors du rouge surgi refoulé

du   rouge   poussé   au   blanc   cristal   abstraction
carré du sang   arraché à sa douleur

l'attente   /   l'attentat   de l'impossible espace

UNE APPARENCE DE SOUPIRAIL

Je puis bien dire que je ne commençai de vivre que quand je me regardai comme un homme mort.

Jean-Jacques Rousseau

D'un fil à l'espace, interminablement. Sans désagréger le tissu de la nuit ouverte. Sans interrompre *leurs* cris concertants.

Rêve d'un après-midi : un lent exode de nuages dans les combles. Et l'instinct de conservation, mes doigts crispés sur une corde.

Vacillant, découvert... Comme s'il n'avait plus besoin d'un nom pour être perdu. Il écoute la lumière patiemment le rejoindre. La lumière, patiemment, l'absoudre.

Toi, immobile sur le pont de fer. Regardant un autre récit. Regardant avec mes yeux. *Immobile*. Regardant le temps immobile.

J'ai croisé dans la rue le rire d'un aveugle. Les nuages, les falaises, la mer : *serrés* contre *sa* poitrine. La musique commence dans les fenêtres…

… Et reculant sur l'échiquier enfantin. L'absence de sujet déchire le sommeil de tous. Perd du terrain. Tire un oiseau en vol.

Un rai de lumière sous la porte, et ce long possessif dol reptilien aiguisant la langue. À travers la porte, devant l'élévation de la nuit...

Une serpillière à grande eau sur les roses du carrelage. Et le bec de la charbonnière contre la vitre. Quand la pensée du double compense la faiblesse du bras.

Tes suivantes… Leurs robes tachées de sang. Toutes, allant plus loin… Que la flèche de ce vide en nous. Tu t'étonnes de leur méprise…

L'eau sans appui. Le récit interrompu. Les fleurs sauvages, comme un royaume.

Ne rien dire, ne rien taire. Écrire cela. Tomber. Comme le météore. Être seul à oublier comment la nuit se déchire…

Dans la chambre contiguë, musicale… Les couleurs fraîchissent. Tes poignets tournent. Sans éparpiller cette force qui nous sépare.

Récit du voyageur. Ou de la mouette. Érigeant le temple. Annulant la mer…

Dont ne subsistent que le mouvement des vagues, et l'étagement des terrasses… et le battement des étoiles contre le ciel.

Écrire comme si je n'étais pas né. Les mots antérieurs : écroulés, dénudés, aspirés par le gouffre. Écrire *sans les mots*, comme si je naissais.

Je m'introduis dans ta prison. Pour que danse la belladone. Exprimant tout le poison dans mes yeux ouverts. Pour ta distraction, ta profondeur...

Le bruit de l'eau, plus bas, charrie des décombres clairs...

Un couple de rapaces, immobile, au milieu du ciel. Je dors. Je suis vivant. Prêt à fondre. Du milieu du ciel, ou du bord. Sans nuages, sans haut-le-cœur.

Versant nord. Écho de la cassure. Roulement de l'ombre jusqu'à nos genoux. La tourterelle revenue…

Tes travaux de couture : une aiguille vers le nord, une aiguille vers le sud, une aiguille vers le cœur... Une aiguille plus fine pénétrant l'aiguille : douleur percée à jour, clarté nue.

À mes pieds le lit sans eau d'une rivière. Dans mes rides, un harmonica. Je dors, avec le hoquet de l'ivrogne, dans l'infini des fenêtres.

Signets de lumière, doigts écartés, cloisons repeintes : avant de mourir. Avant d'atteindre le nœud du bois de la mort impossible. Œuf, ou météorite, dans le sable, dans la voix…

Livre dilacéré, dépouille ouverte. Source aiguisée à l'intérieur du sang. Et dans le sable où l'eau de ta langue se perd, le long travail, l'interminable journée du soleil…

Les nuages rapides ont délogé la foudre de la grange. Elle était perdue. Je suis sa force, son signe de ralliement.

Tournant le dos. Allant dans le matin froid. Un fichu noué, de soie claire, sur des cheveux sombres. Allant... À partir du faux pas qui dégage le ciel...

Ou se lier au pédoncule du pavot. Comme inversement, l'abîme... Trois, et deux. Sur la même face du dé. Du dé lancé. Sept fois. Du dé revenu...

Je plonge un coin de fer entre tes épaules, roc abrupt, douleur mercenaire. Les amandiers se couvrent de fleurs...

Maintenant je parle sans porte-voix. Sans ravin dans la poitrine. Sans éclisses dans le cœur. Je parle comme je respire. Je respire comme une pierre.

J'étais pour elle sous l'écaille, l'œil immense et bleu d'un caméléon de préhistoire. La lucidité d'avant l'immersion.

Sur le bord. Sans les nuances et les déchirures du bord. Dans la lumière qui fuse du bord. L'étendue blessée devant nous.

Dessinant une écriture disparue. Estompe devenue lumière par un fil. Énoncé musical par sa brisure. Itération de l'autre à soi, instruisant sa disparition.

Le vide et l'eau. L'épaisseur du fleuve étreignant ce qui me reste à vivre. L'un et l'autre, à l'infini, se détruisant. Un resserrement de leurres concentriques autour de l'humidité d'un rayon.

.

À travers le rhombe d'un ciel de nuit découpée dans le plafond. Je rêve comme une plume. La longue déception d'un couteau fixe le sol.

L'argile crevassée, les sanies, les soubresauts, les yeux crevés, le sang pourri, la terreur, d'où jaillissent quelques rares éclairs de chaleur...

Girolle au-dessus du vide. Écriture en quinconce au-delà du cœur glacé... La terre écorche la voix.

Une autre, présente dans ton profil. Souveraine au fil de la lame. Ce n'est qu'en de brefs accords inhumains que j'étreins sa séparation.

Sans nous l'éblouissement vaut le noir. Qui glace ta danse et mes vocalises. Toi, le noir.

Je ne suis pas tout à fait de retour. Avec ce geste infini du bras qui ravive, loin de ta peur, le souffle et le bleu d'un couteau.

Dans la ville. Une ville. Autre. Claire. Enlacée à la brume, à la mer.

La prendre, la recommencer. La détruire.

Commencer. Tu serais la première venue. Je serais le mort le plus haut.

Ville tremblante, légendaire…

L'eau ruisselle, je m'endors. Notre incursion réitérée dans la mort. Et le long trait bu — d'une déchirure dans le soleil…

Assouplis, exténués, par le combat de la dernière heure. Certains s'enterrent. D'autres se jettent dans le vide. Un seul remonte sans hâte la rivière aux reflets brisés.

Minuscule pesée sur chaque lettre de ton corps. La respiration des plantes, la nuit. L'horizon qui n'est plus une ligne fluctuante, mais la ceinture d'un cratère.

L'éclair dresse la table. Dispose la sauvagerie de la langue. Tire le corps crédule, et glacé.

L'air n'est pas religieux, mais la fièvre de l'air dans le poumon tordu comme une mèche, et ruisselant d'obscurité. L'air est divin comme le pied, comme le rire... Comme le pied fourchu du voyageur aveugle, comme le rire du drogué. Frayant le chemin...

Ce qui ne pouvait plus *être creusé*. Sous une telle nuit. Captif du sol blanc. De l'afflux de rosée. Ce qui ne pouvait plus déjà s'écrire... Humidité de la couleur sur le bord.

Dans cet oubli, — couvant la mort comme une pierre, attentif à ce tressaillement dans l'herbe — comme une pierre, — à la proximité de l'odeur de l'eau, — au scintillement des signes dans la profusion des cendres...

Soudain sombrant : dans une espèce de sainteté louche. Les fenêtres vacantes, obstruées. Le ciel mort.

L'écriture se gorge des parfums qui la décomposent. La lumière s'ouvre, comme une figue mûre, une plaie noire...

Pour qu'on ne nous entende pas venir. Je marche avec une autre voix. Bleue, striée de bleu. Touchée par la transhumance. Par l'effacement de sa prise… Voix de l'effraie, de l'aveugle, de la terre aveugle.

Fluctue le nord. Fluctue le pas dévasté. Travail inverse des yeux et du bras. Sous le tissu des lignes, du *retour*. Nuit claire selon l'aiguille…

Elle dort. Debout. Sur le pont de fer. Dans le tonnerre des wagons. Jambes hautes, comme la mer…

Même mort, rester à l'écoute. Rester inhumain. À l'extérieur de la voix. Comme la bogue d'une châtaigne. La flamme du coquelicot…

Cicatrices par le soc et la proue, marques de roue dans la chair... J'ignore l'avant et l'après de cette montée dansante de la boue... Mes yeux sombres fixent tes yeux clairs.

Il compte les arbres jusqu'à la source. Son balbutiement allège la jonchée des feuilles...

Un enfant. Un enfant perdu, sauvé... Un corps léger, raclant le fond de la mer...

Tu t'endors. Ta main froisse des feuilles noires. Tes ongles brillent. Ton nom s'efface… Mes deux mains ennemies pétrissent la terre noire, avant de dormir.

Un profil, et l'absence de récit. Je ne meurs pas. Je ne dessine plus. J'émiette le trait à l'écoute d'un visage. Affilement de la lune à son premier quartier.

Pierres dressées, marches forcées. Il n'a jamais respiré plus librement qu'à travers cette lapidation immobile d'un corps, d'un autre corps contre le ciel.

De toi, et de personne, j'ignore le bord et le cœur. Comme un agonisant debout...

Tendresse du vide dans la scansion des pierres sèches du muret. Lourdeur des figues sous les feuilles, la lumière. Et devant elle, mes doigts cassés, ivres morts…

Marques de dents de singe sur ton corps errant. Marques vertes, douleur ambiguë. Je m'enfonce, comme un glacier, dans le soleil…

La mort n'existe qu'en porte à faux. Dans le souffle. Dont procède, *à quelques pas*, l'échancrure des lointains, l'ombre de la vague dans la succession de la mer...

Repousse d'une ronce récalcitrante. Nudité au fond du ravin. Quelques mots dégrafés dans la chaleur. Nuit oscillante. Nuit d'été. Dont tu serais le cœur arraché, l'absente, le gouverneur...

Claudiquant, étincelant, sur le sentier du retour. Lui. Un autre. L'autre. Dans la décrispation de la mort reconnue, dévisagée... Au ras, au nu, de la ligne de fracture. Par le *tu* de la langue et le jeu de la déception. Sous les débris du souffle, attisés...

Les nuages traversent la chambre au-delà des cimes qui nous retiennent. La chambre abandonnée aux nuages... Les nuages laissés à la mer...

Une vieille sur son séant, toutes ses forces regroupées en un seul fil, de laine rouge... Elle ajuste le point de crochet, *à l'infini*, simplement. Du nœud de ses phalanges grises. *À l'écoute* de l'intensité...

Le sentier de montagne, le simple, le nu... Imprégné de la couleur du ciel. Le sentier perdu. Effacé... S'écrivant à travers les flammes. Tourneboulant la frayeur sublime des chevaux...

Le vent souffle dans l'oreiller que ta nuque écrase. Le même vent qui m'exile. La lumière qui te soustrait. Notre bouche s'emplit de boue.

Des herbes et des nombres, blessés, la musique s'empare. Les arbres sont à l'abandon. Ta cuisse s'éteint longuement. Dans mon sommeil. Sous les arbres.

Frappant la pierre, le basalte de ma naissance, —
l'orgue réfractaire. Frappant ingénument. Absurdement.
Lapidant la lumière…

Je n'ai de forces que pour dormir. Dormir entre les
coups de la masse et mes tempes de pierre.

Un rat ensanglanté. Le cri du vide qui écope.

Quelques traces de foyer dans les couches profondes de l'air. L'impossible et l'ineffaçable : le réel. Ma peur s'inscrit sur la roche qui affleure…

Cette lame de sommeil profond qui se glisse dans chaque phrase éveillée. Épaisseur d'humus sur la face du soleil.

Souffrant. Ne souffrant presque plus déjà... J'écris le plus, le presque, le déjà, — de la mort déçue. J'écris au passé infini, *enfantin*, d'un rayon brisé. De la lumière ouverte...

Vieille garrigue bossée des vents. Vieille roche susceptible. Naguère, mûriers et lavandes... Jadis, chaussée de géants... Table nue, ce matin, écriture déchiquetée...

Dans le contre-jour. Dans le jour. Une écriture érémitique et nomade, à la fois. Qui déplace incessamment sa fixité, sa supplication tabulaire. Aveugle chaque nuit, naissante toujours…

Marée basse. Tes genoux décroisés. Ton corps, tel un bois flotté. Ta voix, blessée, s'élevant. Par les trémies de l'incandescence de l'air.

Rien ne porte. Si ce n'est l'eau rare de l'ancienne citerne. À la margelle éclatée.

Insolation des lettres de ton nom. Illisibilité du soleil…

Mériter que chaque mot s'efface à l'instant de son émission. Qu'il jaillisse et s'évapore. Dans l'élargissement de son arôme et de sa trace, le dérèglement de son accord.

Naître. N'être que silex. Scintillement du tranchant de la lettre. Éclat de l'être. À la surface humide des labours.

Par un éclair. Un simulacre de l'éclair. J'ai fini par te perdre de vue. Comme un récit équidistant de ton supplice — et de sa déflagration… Un récit sans feuilles, sans voix, sans bords…

J'enfonce la porte. Je suis à l'écoute. Je tire sur l'archet : jusqu'à la disparition de cette enfance amassée comme neige devant la porte...

Défaut de la parole, nœud d'une articulation négative... Le courant, les rapides de la rivière dans le tremblement de sa perte, le tremblement de sa crue...

Le basilic est une plante vulnéraire. Le basilic est aussi un prince déchu, un fantôme inguérissable par manque de brouillard et de cible. Arôme dentelé autour de ma bouche, le basilic est un reptile...

Glissement de la couleur dans le spectre du vide. De l'écriture, par le crible de la mort. Coupures, dans l'épaisseur de mon pied. Je vous écoute, et je marche...

J'étais le seul. L'œil en activité. Elle était le nombre. Dormant. Le nombre, et le monstre. *Dormant*. Elle est le trait, la soif, l'herbe folle. Elle est la veuve, et l'éclair, d'un orage futur…

Comme s'affile la lame, commence l'écoute, la dictée… Quelques gouttes de sang, et cet étirement du vide entre chien et loup…

Difficulté des étoiles à me suivre. Allégresse du corps à les réfracter.

Séquence de l'eau qui te presse, te divise, — te divinise. Qui m'enserre dans l'étreinte de son épissure liquide. Et noie le souffle, la voix. Sous son scintillement, sa divination. Sa course…

Écrire sans casser le silence. Écrire, en violation d'un lieu qui se retire : quadrature du texte, visage désencerclé, non-lieu… La rapacité du vide, le calme, — étonne ses proies…

La terre et le ciel. Et la peur, la ligne d'horizon. Leur complicité et leur agonie. Fertilisant le fond de l'œil. Et leur guerre, les arrérages de la nuit.

On me crève les yeux. C'est le jour. Je m'expose, en cette infirmité, écrivant : c'est *le jour*. Intouchable, désœuvré. Comme autant de bêtes, de têtes, de soleils. Mal dégrossis par la dénégation du JOUR.

Quelle créance claire oscille entre tes seins… Accompagnant, niant, le battement des étoiles contre la vitre… Broyant la couleur sur ma bouche… Ouvrant une veine de nuit dans la voix…

Rien… Soulevant l'herbe. Relevant sa trace dans l'herbe…

La respiration des bruyères la nuit. Toutes choses obscurcies. Le souffle suspendu. Une nuit. Un instant. Durant lequel je suis le maître de l'obscurité des choses…

L'expérience de l'infiltration de la mort. Suintements par les fissures de la roche…

Au pied des laves, la violette, le balbutiement.

Au fond de l'eau, la parole, écartant les herbes de ton visage…

ANNEXES

Deux textes sont ici donnés en annexe : la préface de Jean-Pierre Richard pour la première édition de L'embrasure *précédé de* Gravir *dans Poésie/Gallimard (1971) et une étude inédite de Valéry Hugotte consacrée à* Une apparence de soupirail. *Valéry Hugotte est l'auteur d'un livre sur* Les Chants de Maldoror *de Lautréamont (P.U.F., 1999) et d'une thèse de doctorat sur* La poétique de la rupture dans l'œuvre de Jacques Dupin *(1996).*

Préface de Jean-Pierre Richard
à L'embrasure *précédé de* Gravir

Comment aborder le territoire de mots, de sensations, d'images qui s'invente à travers les poèmes de Dupin, et qui n'appartient aujourd'hui à nul autre ? À travers quel angle du regard, quelle *prise* de l'esprit ? Peut-être, et paradoxalement, faudra-t-il le saisir par le motif qui marque ici le déni même de toute prise, le vœu d'élision, la passion d'insolidité : celui de la *brisure*. Le paysage de Dupin ne s'affirme en effet qu'en se rompant. Il naît de sa propre déchirure : disjonction qu'il réinvente, et interroge sans cesse sur le mode essentiel de l'agressivité. Foudres, rafales, chocs, saccades, lames, socs, pelles, brèches, enfoncements, éraflures, écorchures, obscurcissements, éclatements, dislocations, naufrages : voilà quelques-uns des instruments et des figures en lesquels se rêve ici, monotone et toujours varié, le si puissant dynamisme de l'assaut. S'exercent aussi d'ailleurs en ces poèmes d'autres forces d'attaque, plus insidieuses, moins visibles, et pourtant peut-être plus efficaces encore : ce sont celles qui commandent le relief propre du langage. Car lire ces poèmes c'est se prêter, bon gré mal gré, à une entreprise de violence ; c'est accepter de se laisser bousculer, et cela dans leur syntaxe, leur phonie, leur vocabulaire, leur rhétorique même par le jeu toujours repris de leur rupture. C'est encore faire descendre en soi leur poids d'obscurité, laisser opérer jusqu'à son terme la force de leur subversion : acquiescer en somme à ce que Dupin nomme quelque part leur « foisonnante et meurtrière illisibilité ».

Or cet illisible proliférant n'a rien de gratuit, cette violence ne relève pas, ou pas seulement, d'une volonté cruelle. Leur intention est bien évidemment ontologique. Cette poésie se donne un projet partout décelable : troubler, secouer, puis finalement traverser par l'acte d'une sorte de transe verbale, — tout à la fois contraction et éclatement, jet et retrait, ou comme le dit mieux Dupin, « excès » et « défaut », manque débordant —, le tissu des évidences quotidiennes. L'être ne sera en effet possédé dans son abrupt, dans la sauvagerie recréée de son face à face, dans l'absolu de sa torridité ou de son parfum, que si nous réussissons d'abord à en compromettre la perfection, à en dévoyer la complicité trop facile, à en adultérer la plénitude. L'intégrité d'un monde poétiquement dicible et partageable ne se découvrira qu'au terme, ou plutôt dans le moment infiniment aigu et toujours repris d'une dégradation, d'une perdition. « Tout nous est donné, mais pour être forcé, pour être entamé, en quelque façon pour être détruit, — et nous détruire. »

Cette œuvre relève donc bien du vœu de négativité qui semble aujourd'hui soutenir quelques-unes des recherches poétiques les plus profondes. Par rapport à Bonnefoy, Du Bouchet, Jaccottet, ses amis et ses proches, la tonalité propre de Jacques Dupin tient, me semble-t-il, tout à la fois à l'opacité contractée de sa parole et à l'activisme de sa créativité imaginante. Car le geste de destruction passe ici à travers les substances les plus dures, les plus pures : ainsi feux, roches, ciels, vents ou nuits. Il aime par exemple à susciter dans l'absolu de la solidité pierreuse cette sorte de propagation, puis d'unanimisation de la brisure qu'est l'écroulement. Dans l'éboulis se vivent alors à la fois le vertige heureux de la défection et l'attirance du bas, la joie de l'écrasé. Ou bien le rêve de dislocation se satisfait à travers des continuités plus lentes : démembrement linéaire de la bifurcation, puis, multiplié, de la ramification, telles que les réalisent ces figures égarantes, le labyrinthe ou la forêt (elle

« dresse / la grille / d'un supplice spacieux / où l'on se regarde mourir / avec des forces inépuisables »). À la limite la destruction devient effacement pur, enfoncement dans l'opacité négative de la nuit ou de la terre, aveuglement, dissémination boueuse et poussiéreuse. Livrés à l'« effondrement », à la « dérive souveraine », souterrainement repris par la « peau du dehors qui se retourne et nous absorbe », nous nous abandonnons alors à la noire brutalité de l'en dessous, au chaos sacré de la substance, à tout l'inconnaissable d'une ombre, d'une mort.

L'être est donc bien ici « acquiesçant pour disparaître », mais pour aussitôt « revenir », renaître et resurgir de sa disparition même. Acte de pivotement, de renversement des significations et des valeurs imaginaires que ne cesse de rêver et de réopérer, chaque fois différemment, le poème. Il s'agira par exemple, de vivre, dans et par-delà l'effondrement, le « tout-puissant affleurement » qui fonde au cœur du roc la montée d'un autre être. Où le flux se laisse recouvrir par un reflux. Où « de la masse enchevêtrée des lignes » a lieu « le brusque arrachement qui nous apaise ». « Le rocher qui obstrue le sens » n'est plus alors « qu'un nuage désœuvré qu'on traverse », ou mieux encore l'espace où mûrit une liquidité, l'issue d'une signification nouvelle : « la goutte d'eau, arrondie / par le songe avare / d'une montagne de granit et de nuit ». La dissémination devient semailles. La ligne de *brisure* apparaît comme l'ouverture du profond, et, en vertu d'une modulation phonétique nécessaire, comme une ligne d'*embrasure*, c'est-à-dire encore comme la dimension féconde d'un *brasier*. La dislocation irrigue. L'entame se lit comme la « faille du ciel effervescent ». L'écroulement même surgit, ainsi dans ce paysage où « la foudre fait germer la pierre ». « Sur les pitons qui commandent les gorges / Des tours ruinées se dressent / Comme autant de torches mentales actives. » Levée, ardeur d'une pensée qui reste fidèle en elle à la loi de ruine et d'éboulis. La rêverie de Dupin obéit ainsi au mouvement qui la porte toujours à extraire du *non*, c'est-à-dire du déchirement, de la chute, de l'étouffement, de l'aveuglement, de la mort, du « malheur qui n'a pas de nom », les principes générateurs d'un *oui* : c'est-à-dire d'un assentiment, d'un souffle, d'une fraîcheur neuve, d'un désir inconnu, d'un « chemin frugal », d'une « soif échancrée ». Échancrure qui vise aussi à appeler et à réunir en elle l'espace d'un futur, la dimension d'une collectivité humaine retrouvée.

Ce continuel avènement d'être, à travers le non-être, a besoin pour se réaliser d'un site lui aussi paradoxal, celui du poème. Car le mot ne peut appeler l'objet à se nier et se détruire, pour se réaliser en un objet plus pur, ou plus humain, qu'à la condition de se détruire aussi lui-même, ou du moins de se charger de négativité, de s'affecter de nuit. La voix ne parle ainsi jamais qu'étouffée, que transie de mutisme. « Le silence creuse son lit dans la parole jusqu'au cœur de celui qui ne l'attend plus, qui veille et travaille dans la souffrance de sa non-venue. » Mais au bout de cette veille, voici encore une naissance : « Le silence qui reflue dans la parole donne à son agonie des armes et comme une fraîcheur désespérée. » Et ce silence s'étend aussi dans l'espace physique du poème : glissé entre les mots pour y briser, de sa faille blanche et souveraine, la trame trop facile et le sens avoué. La signification poétique vit ainsi de son propre obscurcissement constant, elle se situe à la limite d'un contact avec le non-sens qui la menace, et qui l'engendre. Ou, pour reprendre une belle image de Dupin, le poème, c'est « la maison ouverte, inaccessible, / Que le feu construit et maintient ». Maison construite, le sens réunit en une contraction de mots l'ensemble éclaté des choses ; maison ouverte, il se creuse, par l'exercice incessant du pouvoir de déchirer, et de s'autodéchirer, c'est-à-dire de réunir différemment ce qu'il déchire, vers une dimension indéfinie et quasi inaccessible du sens. Le poème se soutient donc, se maintient de sa brûlure même, c'est-à-dire de la puissance qu'il invente à chaque instant de se consumer, — de s'achever ou de se taire. Il n'est jamais que sa propre mort, que sa propre naissance : « une naissance abrupte et infinie ».

Jean-Pierre Richard

412

Qu'elle se décline en blessure, en faille ou en soupirail, l'embrasure est au cœur de la poésie de Jacques Dupin, célébrée comme la promesse d'une ouverture régénératrice dans un monde menaçant toujours de refermer sur nous sa gangue étouffante. C'est que seul le mouvement constamment relancé d'une naissance paraît ici susceptible de préserver la fraîcheur des sensations premières. Et le soupirail, cette fente ouverte sur le dehors, provoquant tout l'élan du corps prisonnier vers une promesse de lumière, est bien le symbole d'une naissance libératrice. Or, si l'imaginaire du poète est marqué par une hantise de la clôture et du figement, son écriture se défie elle-même du risque d'une sclérose du discours et d'une fixation du langage. C'est pourquoi le poème s'affirme également comme une embrasure vivifiante, perçant dans le mur d'un langage établi la même ouverture contestataire. *Non-sens* et *illisibilité* sont pleinement assumés, tant il importe d'esquiver une fossilisation du poème dans une interprétation définitive qui en occulterait les multiples virtualités — et contrarierait la naissance toujours renouvelée du texte à chaque lecture. Seront par conséquent privilégiés tous les procédés visant à déstabiliser le lecteur et à déranger l'édification d'un sens rigide : ruptures syntaxiques, jeux des signifiants et surtout disposition typographique concourent à ouvrir le poème et à ruiner toute ordonnance contraignante par la confrontation du langage avec son *dehors*. Infiltré tel un vide corrosif au sein de la page, le blanc qui brise la continuité du texte, et parfois disjoint la phrase même, rend au mot sa fraîcheur native et l'élan d'une percée. Ainsi le vide de la page préserve-t-il le jaillissement d'un langage à l'état naissant, délivré comme un paysage éboulé des constructions oppressantes qui contrarient le libre mouvement d'un voyage dans le monde et dans la langue. À une plénitude stérile, le poète oppose donc la dynamique d'un langage qui continuellement se conteste lui-même afin d'éviter la pétrification d'un trop calme *bloc*.

Les audaces formelles qui caractérisaient tout particulièrement le recueil *Dehors* peuvent il est vrai apparaître absentes des brefs poèmes en prose d'*Une apparence de soupirail* : rien ici de la dislocation de *Trait pour trait*, de la ponctuation déroutante de *Malevitch* ou des méandres énigmatiques d'*Un récit*. Mais jamais la fragmentation du poème et le désir de résister à une ordonnance factice n'ont été aussi manifestes. Dans l'édition originale de 1982, chaque fragment — parfois une simple phrase — occupe une page entière de l'ouvrage, de sorte que le poème ne perce l'opacité de la page que d'une simple ligne prenant elle-même une *apparence de soupirail*, semblable à « un rai de lumière sous la porte ». Chacun de ces « traits » pourrait rappeler la brièveté et la concision de la forme aphoristique. On ne saurait pourtant être plus éloigné, avec ces textes lapidaires, de la vérité frappante de l'aphorisme ou de la maxime. La concision est ici, non la marque de la clarté et de l'évidence, mais l'indice d'une parole lacunaire et marquée par l'incertitude. Réduits à l'extrême, les poèmes semblent tendre à l'effacement, à l'image d'une « estompe devenue lumière par un fil ». Chaque fragment du recueil révèle en effet une véritable poétique de l'inachevé, puisque l'écriture fragmentaire vise d'abord à suggérer et dérober à la fois, selon l'injonction contradictoire : « Ne rien dire, ne rien taire. »

La ponctuation exhibe ainsi les lacunes du texte et paraît traduire un inexorable amenuisement de la parole. Car non seulement les points de suspension concluent fréquemment les différents fragments, mais ils peuvent aussi les commencer, comme si avaient été effacés les premiers mots et que seules des bribes du texte étaient présentées au lecteur. Alors que le poème ne se dévoile que par éclats, les éclats eux-mêmes paraissent incomplets. En outre, les fragments sont d'autant plus allusifs qu'un emploi inhabituel de l'italique pour Jacques Dupin permet de mettre des termes en évidence et de donner à entendre une résonance particulièrement riche des mots soulignés dans les phrases les plus concises. L'italique, ce révélateur d'une « *énergétique du mot* » selon Julien Gracq, est en effet une manière de délivrer certains termes d'une signification trop étroite et de les charger de sous-entendus. Le poète peut de cette manière concilier un extrême resserrement de la parole et un accroissement de la force suggestive de ses mots. Enfin, cette condensation du poème est renforcée encore par la simplification syntaxique. Souvent, le verbe n'est pas conjugué, apparaissant dans le texte à l'infinitif ou au participe présent ; parfois, le texte est uniquement constitué d'une suite de brèves phrases nominales. L'absence de verbe, la brièveté des phrases et la parataxe font songer aux rapides notations que présenterait un journal, ou plutôt un carnet de notes avant l'élaboration rassemblant les éléments d'un poème futur : « toute articulation visible est bannie, ou plutôt sautée, tout lien de subordination ou de corrélation consumé », selon les propres mots de Dupin à propos des lithographies de Chagall[1].

L'impression de spontanéité que donnent ces apparentes esquisses ne doit évidemment pas nous abuser. On ne saurait ignorer l'important travail d'écriture — de *désécriture* — accompli par le poète qui, loin de s'abandonner aux facilités d'un automatisme, s'emploie à déconstruire la frauduleuse organisation d'un discours et à dénuder patiemment la parole jusqu'à révéler sa pleine intensité. On se souviendra à cet égard que la suite fragmentaire de *Moraines* est née de l'éclatement d'un texte initialement linéaire. Reste que cette succession de brefs poèmes rappelant parfois la grâce du *haïku* constitue en un sens le recueil le plus immédiat, le plus *enfantin* de Jacques Dupin — selon l'adjectif auquel il accorde ici une importance

---

1. « Sur quatorze lithographies de Chagall », in *Derrière le miroir*, n° 246, mai 1981, p. 8.

singulière. D'ailleurs, n'est-il pas éloquent que le titre même du recueil soit emprunté au poème « Enfance » des *Illuminations* de Rimbaud ? Si l'évidence enfantine de l'ensemble procède en fait d'un savant affinage, il n'en est pas moins essentiel pour l'auteur de refuser tout artifice et tout travail d'élaboration du poème, afin de se rapprocher de la fraîcheur d'une parole naissante et d'une immédiateté du rapport de l'écriture au réel. Aussi la fragmentation et l'inachèvement du texte sont-ils le gage d'une enfance reconquise des mots libérés d'une trame trop rigide.

Or, à cette fragmentation du recueil et aux ellipses de chaque fragment, correspond un univers lui-même fragmenté. La présence féminine récurrente dans l'ouvrage n'est ainsi évoquée que par détails, le poète épelant, l'une après l'autre, « chaque lettre de [s]on corps ». De même, le paysage est essentiellement présent par ses fractures et ses débris. Et si Dupin évoque un « récit de voyageur » — mais ne s'agit-il pas de son propre poème aussi bien, de son propre *cendrier du voyage* ? — ce sera un récit :

Annulant la mer...
Dont ne subsistent que le mouvement des vagues, et l'étagement des terrasses...

De fait, le poète annule lui-même tout paysage unifié pour ne retenir que des éclats témoignant d'une énergie communicative. Aussi rejette-t-il la masse compacte de la mer à laquelle il préfère l'instabilité et la succession infinie des vagues, tout comme il s'attache plutôt à la dispersion scintillante des étoiles qu'à l'étendue du ciel. À un mouvement totalitaire d'unification, le poète oppose l'éclatement de sa parole et la richesse miroitante d'un monde qui se dérobe à toute organisation et à toute saisie.

Il est d'ailleurs significatif que la vue soit ici le sens le moins sollicité. De fait, le paysage n'a jamais été pour Dupin l'étendue plane que peut embrasser le regard ou qui pourrait être

416

enclose dans un tableau : il se prête pour lui, non à une contemplation qui serait une menace d'objectivation, mais à l'endurance d'un cheminement permettant de l'éprouver par le corps même, jusque dans ses moindres aspérités. Au vœu d'un ébranlement du paysage correspond naturellement le constat d'un éclatement du corps qui se déchire dans un rapport direct et brutal avec le monde, bien loin d'une contemplation distante et d'une jouissance passive. Aller vers le monde, ce sera donc le ressentir physiquement, par la douleur même, et non pas le figer dans une image. La blessure permet de mettre fin à une relation marquée par l'opacité et la distance, sans pour autant succomber au leurre d'une fusion harmonieuse et lénifiante : on ne fait jamais *corps*, dans la poésie de Dupin, que dans la fulgurance d'un heurt intense et fécond. C'est pourquoi *l'écoute*, qui plus tard donnera son titre à un poème d'*Échancré*, est bien l'un des mots les plus importants de ce recueil : il désigne ici une ouverture du corps tout entier aux multiples frémissements d'un univers dont ne saurait rendre compte une vision distante. Car ce ne sont pas seulement les bruits et les voix qui sont « écoutés », mais toutes les failles nous délivrant d'une stricte ordonnance du monde — des coupures du pied au surgissement d'un visage. L'*écoute* correspond en somme à un rapport intuitif et sensuel au monde qui rapproche le poète d'un aveugle épousant intimement toutes les saccades d'un paysage en éclats. De même que la fragmentation du poème préserve l'intensité d'un jaillissement verbal, la dispersion d'un monde irréductible à une illusoire *image arrêtée* garantit le dynamisme d'une perpétuelle naissance[1].

Il est en effet remarquable que l'ensemble du recueil présente une tension entre la cohérence et la continuité représentées par la mer ou le fleuve, et les éléments épars d'un paysage disloqué. Comme dans *Proximité du murmure*, *La nuit grandissante* ou *Moraines*, le poème est traversé par une dialectique

1. « Il n'y a pas d'image arrêtée, il n'y a pas d'image », énoncera Dupin dans *Matière du souffle* (Fourbis, 1994, p. 15).

du continu et du discontinu qui suggère un combat du surgissement vital et d'une compacité mortifère. De fait, l'élan vivifiant de la fragmentation paraît indéfiniment lutter contre le « nœud du bois de la mort impossible », contre le mouvement d'unification d'une mort qui, depuis l'épigraphe jusqu'à l'évocation du sommeil comme « incursion réitérée dans la mort », parcourt l'ensemble du recueil. Tandis qu'une désagrégation ouvre la possibilité d'un commencement et apparaît comme un heurt vivifiant, le flux unificateur métaphorise la mort du poète, ainsi avec l'évocation de « l'épaisseur du fleuve étreignant ce qui me reste à vivre ». Ces deux mouvements sont même réunis dans un seul fragment :

Il compte les arbres jusqu'à la source. Son balbutiement allège la jonchée des feuilles...
Un enfant. Un enfant perdu, sauvé... Un corps léger, raclant le fond de la mer...

Le passage de la dispersion (les *arbres*, la *jonchée des feuilles* mais aussi le *balbutiement* qui fragmente le discours) à la source originelle et unificatrice coïncide de manière significative avec l'allusion à un corps noyé au fond de la mer. Le heurt du continu et du discontinu révèle ainsi un rapport dialectique de la vie et de la mort annoncé d'emblée par la phrase des *Confessions* : « Je puis bien dire que je ne commençai de vivre que quand je me regardai comme un homme mort. »

Cette tension entre la fragmentation et l'unité est d'ailleurs manifeste dans la structure même du recueil. En effet, si toute linéarité se voit esquivée par les brisures de cet ensemble de fragments, la cohérence de l'ouvrage n'en est pas moins assurée par un important jeu de reflets et de renvois — l'« écho de la cassure », selon une expression du recueil. Parole *en archipel*, le poème présente plusieurs thèmes enchevêtrés, les fragments formant ainsi des ensembles incertains, à réorganiser à chaque lecture. Le recueil mêle par exemple les évocations d'une présence féminine, d'un paysage de *pierres éclatées* et d'une expérience du sommeil comme mort anticipée : autant d'éléments d'un tissage complexe appelés par la même injonction, et unis par la tension d'un même fil. Comment dès lors ne pas reconnaître un double du poète dans cette « vignette » simple et émouvante :

Une vieille sur son séant, toutes ses forces regroupées en un seul fil, de laine rouge... Elle ajuste le point de crochet, à l'infini, simplement. Du nœud de ses phalanges grises. À l'écoute de l'intensité...

Chaque maille de l'ouvrage apparaît chargée de toute l'intensité et de toute l'attention du geste, comme la parole se concentre en chacun de ses fragments. Une réplique de la pièce *L'éboulement*, dans laquelle apparaissait précisément le personnage de la Vieille, suggérait déjà, dans l'œuvre de Jacques Dupin, une telle association entre un travail de couture et une écriture fragmentaire qui indéfiniment relie et disjoint — une écriture refusant l'unité construite et figée au profit d'une cohérence gagnée par la discontinuité même :

Il y a l'effort / la longue peine d'amour / le dur ouvrage des doigts désespérés / qui nouent, et déchirent, et renouent / maille après maille / un espace / et son intensité[1]...

Déjouer par la fragmentation la linéarité du poème, c'est en somme admettre pour seul principe unificateur une intensité toujours neuve, c'est reconquérir, à chaque *point* du poème, l'élan intact d'une naissance.

Un simple fil pour relier l'éveil d'une enfance et une vieillesse recroquevillée sur son ouvrage insensé. Car l'apparente simplicité de ces éclats de vie et de parole, la légèreté aussi de ces jeux verbaux qui décident parfois de l'enchaînement des mots (« Naître. N'être que silex », « te divise, — te divinise »),

1. *L'éboulement*, Galilée, coll. « Théâtre / rupture », 1977, p. 121.

cet attendrissement enfin de certains fragments qui nous éloigne tant de la violence abrupte de *Sang* ou du *Soleil substitué*, tout cela peut bien nous inciter à placer ce recueil sous le signe de l'enfance, comme une annonce des évocations plus ouvertement autobiographiques de *Tiré de soie* et de *Chien de fusil* — il n'empêche : dans chaque fragment, résonne la même angoisse sourde et se laisse deviner le même rongement auquel seule peut répondre la fraîcheur retrouvée des mots jetés sur la page, comme un sursaut désespéré ou un ultime coup de dés, combat vital et enfantin à la fois contre une mort qui d'emblée, suggère assez nettement l'épigraphe, a marqué son emprise. « Livre dilacéré », « écriture déchiquetée », *Une apparence de soupirail* trouve ainsi son intensité si singulière dans l'affrontement irrésolu de tensions contradictoires, superposant les phalanges grises de la vieille et la main tendue de l'enfant, accueillant également le rire de l'aveugle et l'infiltration de la mort. Et, à vrai dire, la *vieille* elle-même n'est pas dénuée d'ambiguïté : si entre ses doigts paraît se tisser à l'infini le texte du poème, pourrait tout aussi bien se dévider le fil d'une vie dont, vieille Parque appliquée, elle pressentirait déjà l'échéance. Comme si tout ne tenait jamais qu'à un fil, à un rai de lumière sous la porte — à une simple apparence de soupirail.

Valéry Hugotte

Jacques Dupin est né le 4 mars 1927 à Privas, Ardèche. Il vit à Paris depuis 1944.

Rencontre René Char en 1947. Grâce à son soutien publie poèmes et textes sur l'art dans *Botteghe Oscure*, *Cahiers d'art*, *Empédocle*. Épouse Christine Rousset en 1951, deux filles naîtront de cette union.

Secrétaire des *Cahiers d'art* en 1952, il entre en relation avec des artistes (Brancusi, Picasso, Brauner, Lam, Calder, Hélion, Braque, De Staël, Miró, Giacometti). Début d'une collaboration avec les artistes qui occupera le plus clair de son temps. Se lie d'amitié avec André du Bouchet, Francis Ponge, Pierre Reverdy, André Frénaud.

Devient en 1956 directeur des éditions de la galerie Maeght continuée par la galerie Lelong en 1981. Amitié avec Alberto Giacometti marquée par un livre, un film, l'organisation d'expositions. Étroite collaboration amicale avec Joan Miró, textes, expositions dont douze rétrospectives, établissement du catalogue des gravures, du catalogue des peintures, activités d'expert.

Un des fondateurs de la revue *L'Éphémère* en 1966, avec André du Bouchet, Yves Bonnefoy, Gaëtan Picon, Louis-René des Forêts, Michel Leiris et Paul Celan.

Collaboration et liens d'amitié avec Tàpies, Riopelle, Chillida, Rebeyrolle, Adami, Capdeville, Joan Mitchell, Francis Bacon, Henri Michaux. Prix national de poésie, 1988.

Une exposition André du Bouchet-Jacques Dupin se tient à Quimper, en 1986 ; une exposition personnelle à Marseille, au CIPM en 1988 ; une grande exposition au Musée de Gravelines, en 1996, dont le catalogue préfacé par Georges Raillard est intitulé « L'image prise au mot ».

Un numéro de la revue *Les Belles Lettres*, de Genève, dirigé par Florian Rodari, lui est consacré en 1987. D'un colloque organisé en 1995 par Dominique Viart à l'Université de Lille III, les actes sont publiés par La Table ronde en 1996 sous le titre *L'injonction silencieuse*.

ŒUVRES

Cendrier du voyage. G.L.M., 1950. Avant-propos de René Char, frontispice d'André Masson.

Art poétique. P.A.B., 1956. Dessin de Giacometti.

Les brisants. G.L.M., 1958. Eau-forte de Miró.

L'épervier. G.L.M., 1960. Eau-forte de Giacometti.

Miró. Flammarion, 1961. Édition augmentée, 1993.

Alberto Giacometti, textes pour une approche. Maeght, 1962, réédition par Fourbis en 1995.

Gravir. Gallimard, 1963.

L'embrasure. Gallimard, 1969.

L'embrasure précédé de *Gravir*. Poésie/Gallimard, 1971.

Jacques Dupin, par Georges Raillard. Poètes d'aujourd'hui, Seghers, 1974.

Dehors. Gallimard, 1975.

Ballast. Le Collet de buffle, 1976.

L'éboulement (théâtre). Galilée, 1977.

Histoire de la lumière. L'Ire des vents, 1978.

De nul lieu et du Japon. Fata Morgana, 1981.

L'espace autrement dit (écrits sur l'art). Galilée, 1982, préface de Jean-Michel Reynard.

Le désœuvrement. Orange export ltd, 1982.

Une apparence de soupirail. Gallimard, 1982.

De singes et de mouches. Fata Morgana, 1983.

Contumace. P.O.L., 1986.

Les mères. Fata Morgana, 1986.

Chansons troglodytes. Fata Morgana, 1989.

Échancré. P.O.L., 1991.

Rien encore, tout déjà. Fata Morgana, 1991.

Éclisse. Spectres familiers, 1992.

Matière du souffle (Tàpies). Fourbis, 1994.

Le grésil. P.O.L., 1996.

Ainsi que des livres à tirage limité illustrés par des artistes contemporains.

NOUVELLES PARUTIONS

Ce volume,
le trois cent quarantième
de la collection Poésie,
a été achevé d'imprimer sur les presses
de l'imprimerie Bussière à Saint-Amand (Cher),
le 10 novembre 1999.
Dépôt légal : novembre 1999.
Numéro d'imprimeur : 2562.

ISBN 2-07-041194-X./Imprimé en France.

93083